浙江省与波兰
经贸合作发展报告

（2012－2021）

杨丽华 著

中国财经出版传媒集团
中国财政经济出版社
北京

图书在版编目（CIP）数据

浙江省与波兰经贸合作发展报告：2012—2021 / 杨丽华著． --北京：中国财政经济出版社，2024.6
　ISBN 978 - 7 - 5223 - 3191 - 1

Ⅰ.①浙…　Ⅱ.①杨…　Ⅲ.①对外经贸合作－研究报告－浙江、波兰－2012—2021　Ⅳ.①F752.855
②F752.751.3

中国国家版本馆 CIP 数据核字（2024）第 105221 号

责任编辑：周桂元　　　　责任校对：徐艳丽
封面设计：卜建辰　　　　责任印制：张　健

浙江省与波兰经贸合作发展报告（2012—2021）
ZHEJIANGSHENG YU BOLAN JINGMAO HEZUO FAZHAN BAOGAO (2012—2021)
中国财政经济出版社 出版

URL：http://www.cfeph.cn
E - mail：cfeph@cfeph.cn
（版权所有　翻印必究）

社址：北京市海淀区阜成路甲 28 号　邮政编码：100142
营销中心电话：010 - 88191522
天猫网店：中国财政经济出版社旗舰店
网址：https://zgczjjcbs.tmall.com
中煤（北京）印务有限公司印装　各地新华书店经销
成品尺寸：170mm×240mm　16 开　13.25 印张　220 000 字
2024 年 6 月第 1 版　2024 年 6 月北京第 1 次印刷
定价：60.00 元
ISBN 978 - 7 - 5223 - 3191 - 1
（图书出现印装问题，本社负责调换）
本社质量投诉电话：010 - 88190744
打击盗版举报热线：010 - 88191661　QQ：2242791300

前　　言

　　2023年恰是共建"一带一路"倡议提出十周年，中东欧国家作为"一带一路"进入欧洲大市场的"桥头堡"，其重要性不言而喻。2021年2月9日，国家主席习近平在中国—中东欧国家领导人峰会上的主旨讲话中指出，"中国—中东欧国家合作是具有重要影响力的跨区域合作平台"。中国—中东欧国家合作机制自2012年建立以来，经过11年的实践，该平台从无到有、从初创到成熟，经历了跨越式发展历程，是中国推进与中东欧国家关系发展和"一带一路"建设的重要抓手。浙江省是中国"一带一路"建设的排头兵，中国—中东欧经贸合作示范区是浙江省推进"一带一路"建设的重要平台和抓手。近些年来，浙江省与中东欧国家经贸合作成果丰硕，经贸合作走向机制化、双边贸易迈进高水平、双边投资实现多元化、区域合作呈现梯度化、基础设施加速互联化。从全国范围来看，浙江省作为中国的经济强省和对外开放的典型代表省份，其与中东欧国家间的经贸合作经验对于中国的其他省份具有重要的参考价值和现实意义。因此，系统梳理与回顾浙江省与中东欧国家双边贸易合作、投资合作、产业合作显得尤为重要且很有必要。

　　浙江省作为中国与中东欧合作发展的"排头兵"，把加强与中东欧各国合作作为参与"一带一路"建设的重要突破口，并于2018年启动中国—中东欧国家经贸合作示范区的建设。在中东欧次区域内，波兰不仅是经济体量、人口和市场规模最大的国家，也是国际社会普遍公认的新兴市场国家。此外，波兰作为"一带一路"沿线中东欧地区重要支点国家，且中波两国在经济发展上有相似的背景并都深具发展潜力，加深两国经贸合作不仅有益于双边国民经济发展，更有助于中国借助波兰所处的欧洲地区价值链进入欧盟市场。

　　本书首先阐述波兰的对外贸易、对外投资、产业发展概况，再分别系统地梳理浙江省与波兰的贸易、投资、产业合作情况。全书从贸易规模、贸易结构、贸易依存度、贸易潜力、贸易合作案例等方面分析了浙江省与波兰的贸易合作情况；从投资规模、投资环境、投资合作案例等方面分析了浙江省与波兰的投资合作情况；以农业、高新技术产业、旅游业为例分析了浙江省与波兰的产业合作情况。为今后浙江省与波兰开展贸易、投资、产业的进一步合作提供了理论和现实基础，有利于将合作做实做深，提质增效，促进双方关系的全面发展。

全书共分四篇九章，第一篇介绍了浙江省与波兰情况，包括第一章波兰经贸发展概况，具体分为基本情况、对外贸易、对外投资及产业概况；第二篇介绍了浙江省与波兰的贸易合作，包括第二章浙江省与波兰的贸易现状、第三章浙江省与波兰的贸易网络演化、第四章浙江省与波兰贸易合作的典型案例以及第五章浙江省与波兰的贸易潜力；第三篇介绍了浙江省与波兰的投资合作情况，包括第六章浙江省与波兰的投资环境、第七章波兰投资环境评价以及第八章浙江省与波兰投资合作案例；第四篇介绍了浙江省与波兰的产业合作情况，包括第九章双方产业互补性分析并对不同产业合作进行阐述。全书由杨丽华教授带领硕士研究生共同完成，其中，董一歌承担了第一章、第五章第三节的撰写工作，庄梦琪承担了第二章、第三章、第四章的撰写工作，杨欢欣承担了第五章第二节的撰写工作，曹梅承担了第四篇的撰写工作，肖晶晶承担了第五章第一节及第三篇的撰写工作。全书由杨丽华策划和统稿，由于时间仓促，不足之处在所难免，恳请各位专家学者不吝批评指正！

杨丽华
2024 年 3 月

目　　录

第一篇　波兰概况

第一章　波兰经贸发展概况 …………………………………………（ 3 ）
　　第一节　波兰的基本情况 ………………………………………（ 3 ）
　　第二节　波兰的对外贸易 ………………………………………（ 12 ）
　　第三节　波兰的对外投资 ………………………………………（ 25 ）
　　第四节　波兰的产业概况 ………………………………………（ 33 ）

第二篇　浙江省与波兰的贸易合作

第二章　浙江省与波兰的贸易现状 …………………………………（ 49 ）
　　第一节　浙江省与波兰的贸易规模 ……………………………（ 49 ）
　　第二节　浙江省与波兰的贸易结构 ……………………………（ 57 ）
　　第三节　浙江省与波兰的贸易依存度 …………………………（ 73 ）
第三章　浙江省与波兰的贸易网络及演化 …………………………（ 79 ）
　　第一节　贸易网络的测算 ………………………………………（ 79 ）
　　第二节　浙江省与中东欧国家贸易网络演化特征 ……………（ 84 ）
　　第三节　浙江省与中东欧国家贸易网络的影响因素 …………（ 90 ）
第四章　浙江省与波兰贸易合作的典型事实 ………………………（ 96 ）
　　第一节　贸易合作的平台 ………………………………………（ 96 ）
　　第二节　贸易合作的范围 ………………………………………（ 99 ）
　　第三节　贸易合作的线上线下融合 ……………………………（101）
　　第四节　贸易合作的形式 ………………………………………（105）

第五节　贸易合作的影响力 ……………………………………（107）
第五章　浙江省与波兰的贸易潜力 ………………………………（111）
　　第一节　浙江省与波兰的贸易互补性 …………………………（111）
　　第二节　浙江省与波兰的贸易竞争性 …………………………（115）
　　第三节　浙江省与波兰的贸易潜力 ……………………………（130）

第三篇　浙江省与波兰的投资合作

第六章　波兰的投资环境概述 ……………………………………（143）
　　第一节　浙江省与波兰的投资现状 ……………………………（143）
　　第二节　波兰的投资环境 ………………………………………（145）
第七章　波兰投资环境的评价 ……………………………………（156）
　　第一节　投资环境评价的文献综述 ……………………………（156）
　　第二节　波兰投资环境的实证测量 ……………………………（158）
第八章　浙江省与波兰投资合作案例 ……………………………（168）
　　第一节　宁波拓普集团股份有限公司 …………………………（168）
　　第二节　宁波格兰家具用品有限公司 …………………………（170）
　　第三节　宁波豪雅集团 …………………………………………（171）

第四篇　浙江省与波兰的产业合作

第九章　产业合作 …………………………………………………（175）
　　第一节　产业合作的概念及理论基础 …………………………（175）
　　第二节　浙江省与波兰的产业互补性分析 ……………………（189）
　　第三节　浙江省与波兰的产业合作 ……………………………（196）

参考文献 ……………………………………………………………（203）

第一篇

波兰概况

第一論

知性改善論

第一章

波兰经贸发展概况

第一节
波兰的基本情况

波兰共和国（The Republic of Poland，以下简称波兰）地处欧洲中部，国土总面积为 322 600 平方千米，是中东欧地区国土面积最大的国家和欧洲第九大国，也是中东欧地区经济发展最快的国家之一。截至 2021 年，人口总数为 3 774.7 万人，人均 GDP 为 15 850.29 美元，为中上等收入水平国家。波兰森林覆盖率高，矿产资源品种比较丰富，主要矿产有煤、页岩气、硫磺、铜、锌、铅、铝、银等。

一、人口概述

波兰国家统计局（GUS）数据显示，[①] 截至 2021 年波兰人口总数为 3 774.7 万人，而 2012 年人口总数为 3 806.3 万人，相比减少 31.6 万人。

---

① 波兰国家统计局，https://stat.gov.pl/en/.

2012—2021年，波兰人口规模持续下降，2012—2019年人口数量总体上波动不大，但2020年和2021年人口规模减少速度较之前年份有所增大，如表1-1所示。

表1-1　　　　2012—2021年波兰人口情况一览表

年份	人口规模（万人）	增长率（%）
2012	3 806.30	—
2013	3 804.00	-0.06
2014	3 801.20	-0.07
2015	3 798.60	-0.07
2016	3 797.00	-0.04
2017	3 797.50	0.01
2018	3 797.50	0.00
2019	3 796.50	-0.03
2020	3 789.90	-0.17
2021	3 774.70	-0.40

注：表中"—"表示以2012年为基期时2012年的增长率忽略不计。
数据来源："人口规模"，https://stat.gov.pl/en，"增长率"以上年为基期计算得到。

从人口的性别结构来看，2021年波兰男性人口为1 825.33万人，占总人口的48.36%，女性人口为1 949.37万人，占总人口的51.64%，男女人口比例约为100∶107，相较于2012年（男性人口占48.32%，女性人口占51.58%）没有明显变化。2012—2021年波兰人口男女比例比较协调，分别稳定在总人口的48%及52%左右。

从人口的年龄结构来看，按照国际一般通用标准，2021年波兰劳动年龄人口（15—64岁）约2 483.55万人，约占人口总数的65.79%，相较于2012年（劳动人口数为2 699.08万人）占人口比例降低5.12个百分点。同时，根据联合国人口老龄化划分标准，2021年波兰65岁及以上老年人口数量占总人口比例达18.84%，属于深度老龄化社会。相较于2012年65岁及以上人口占比14.02%，增长了4.82个百分点，老龄化程度在近10年来呈现递增的趋势，如图1-1所示。

从人口的城乡结构来看，2021年波兰城市人口为2 267.66万人，农村人口为1 507.05万人。相较于2012年的城市人口2 308.68万人，增加了

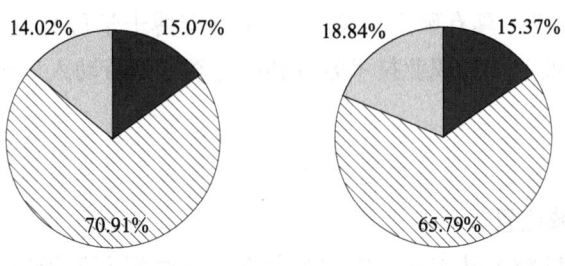

图 1-1　2012 年和 2021 年波兰人口的年龄结构

数据来源：https：//ceidata.cei.cn.

41.02 万人，与 2012 年农村人口 1 497.63 万人相比，增加了 9.42 万人。2012—2021 年波兰城市与农村人口结构一直较为稳定，占比分别维持在 60% 和 40% 左右，如图 1-2 所示。

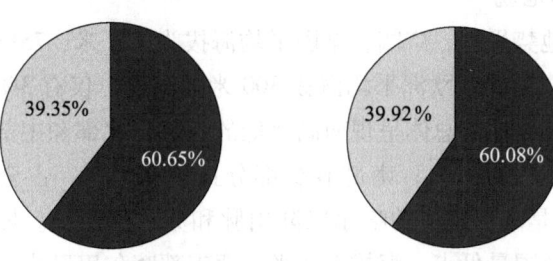

图 1-2　2012 年和 2021 年波兰人口的城乡结构

数据来源：https：//ceidata.cei.cn.

从人口的地区分布结构来看，人口分布较为集中的城市包括华沙、克拉科夫、格但斯克三联城、罗兹、弗罗兹瓦夫、波兹南等。全国共设 16 个省，314 个县，2 479 个乡，首都华沙是波兰第一大城市，是全国最大的交通运输枢纽。克拉科夫市是波兰最大的文化、科学、工业与旅游中心。华人在波兰约 1 万人，主要集中在华沙等大城市。[①]

从人口的教育情况来看，波兰教育十分普及，实行 9 年义务教育，识字率达 99.8%，65% 的人口具有高中教育程度，38.6% 的人口具有大学教

---

① 中华人民共和国商务部走出去公共服务平台，http：//fec.mofcom.gov.cn.

育程度（其中17%具有硕士学位，0.9%具有博士学位）。根据世界银行统计的数据，波兰受过职业技术教育和高等教育的劳动人口比重为80%。

二、地域状况

（一）区域位置

波兰位于欧洲大陆中部，中欧东北部，总面积322 600平方千米。最南端为北纬49°00′，最北端为北纬54°50′，最东端为东经24°09′，最西端为东经14°08′。北临波罗的海，南接捷克和斯洛伐克；东邻白俄罗斯，西接德国；东北和东南部则与俄罗斯、立陶宛以及乌克兰接壤。南北长649千米，东西相距689千米。边界线总长3 538千米，其中海岸线长528千米。波兰地理位置优越，是连接东、西欧的交通要地。

（二）地形地貌

波兰全境地势平坦、广阔，全国平均海拔为174米，75%的国土在海拔200米以下，远低于欧洲平均海拔300米的高度，仅有3%的地区海拔超过500米。波兰地势总体呈现南高北低的态势，北部和中部为平原和坡地，占全国总面积的92%；南部有少部分丘陵和山区，占全国总面积的8%，主要山脉是南部边境的喀尔巴阡山脉和苏台德山脉。境内北部埃尔布隆格地区为全国最低点，海拔1.8米；西南部喀尔巴阡山的塔特拉山雷西峰，海拔2 499米。主要河流有由南贯北的维斯瓦河（全长1 047千米）和奥德河（在波境内742千米）。此外，波兰是一个多湖国家，享有"千湖之国"的美称，波兰全国面积为1公顷以上的湖泊共9 300个，多分布在北部地区，总面积为3 200平方千米，约占全国总面积的1%，最大的湖泊是希尼亚尔德维湖，面积为109.7平方千米。

波兰全境地形大致可分为6个纬度地貌带：

1. 北部沿海平原区，海拔约50米，从西向东有什切青平原、维斯瓦河平原、普鲁士平原等；

2. 以冰碛地形为主要特征的波罗的海滨湖区，海拔150—300米，因维斯瓦河贯穿而被分割为西部滨海湖泊区和东部马祖尔湖泊区；

3. 中部平原区，海拔50—200米，主要平原为马索维亚—波德利亚西耶平原和大波兰—库亚维亚平原；

4. 中南部高原区，海拔200—500米，主要高原为苏台德山麓高原、西里西亚高原、小波兰高原、卢布林高原和罗兹托切高原；

5. 北喀尔巴阡盆地区，海拔 200 米左右，最大的盆地是散多梅希盆地、西里西亚盆地；

6. 南部苏台德和西南部喀尔巴阡山区，海拔一般为 500—2 000 米。

（三）气候

由于波兰特有的地理位置和地形特征，其气候介于东欧大陆性气候和西欧海洋性气候之间，全境基本上属于由海洋性向大陆性气候过渡的温带阔叶林气候。在通常情况下，波兰全年气候温和，冬无严寒，夏无酷热。除山区外，年均气温为 6℃—6.8℃。最冷的 1 月全国平均气温为 -5℃—1℃，最热的 7 月全国平均气温为 17℃—19℃。而每年夏季全国平均气温约为 15℃，最热的地区即南部的西里西亚气温约为 19℃；冬季全国平均气温为 -1℃—4.5℃，最冷的地区即西里西亚的普鲁什库夫气温曾达 -40.2℃。冰冻期因地区而异，东北部长达 65 天，山区超过 130 天。平原地区寒冷期长达 90—130 天，山区超过 200 天。按区域划分，波兰的西部和北部主要属海洋性气候，那里的冬天温和而潮湿，夏天凉爽而多雨；波兰的东部和南部大多属大陆性气候，那里有寒冷的冬天和炎热而干燥的夏天。

三、资源禀赋

波兰拥有丰富的矿产资源，其煤、硫磺、铜、银的产量和出口量居世界前列。目前波兰约 90% 的能源来自煤炭，煤炭储量约 1 170 亿吨，居欧洲第四位，产量和出口也居世界前列。其中，硬煤 1 000 亿吨，主要分布在西里西亚和卢布林地区，可供开采 160 年以上；褐煤 198 亿吨，分布在波兰中部和西南部，可供开采 30 年以上。波兰是继俄罗斯之后欧洲第二大硬煤生产国和出口国，也是褐煤的重要生产国。此外，硫磺储量超过 1 亿吨，铜储量为 16 亿吨，均居欧洲之首；波兰的银储量和储量基础居世界首位，分别为 5.1 万吨和 14 万吨，占世界银储量和储量基础的 18.8% 和 24.6%；铅和锌的储量同样居世界第一位，储量为 350 万吨；波兰琥珀储量也很大，是世界琥珀生产大国，有几百年开采琥珀的历史。

波兰的石油和天然气储量少，主要依赖进口。石油储量为 6 440 万吨（可开采的石油为 1 000 万吨）。天然气储量估计为 1 180 亿立方米，国内天然气产量占需求量的37%左右。另外，据波兰地理协会评估，其页岩气储量为3 460亿—7 680亿立方米，① 为欧洲最大。

波兰森林资源十分丰富，森林（绿地）面积925.9万公顷，森林覆盖率29.6%。全国有几大森林区，包括北部的图霍拉森林、诺特茨森林、皮斯科森林和西部的下西里西亚森林，以及南部的苏台德山林和西南部的喀尔巴阡山林。此外，波兰耕地面积约1 092.1万公顷，人均耕地面积约0.29公顷。波兰海洋保护区面积占领海面积22.57%。波兰内海水域达1 991平方千米，领海面积8 682平方千米。同时，湖泊众多，其中，面积超过1公顷的湖泊、水库超过9 000个。

四、经济状况

1989年后"休克疗法"导致波兰经济一度下滑。1992年起，波兰经济止跌回升，保持了经济的持续增长，是1992年以来整个欧洲唯一保持每年正增长的经济体（除2020年受新冠疫情影响外），并逐步成为中东欧地区发展最快的国家之一。加入欧盟后，经济更是突飞猛进，但受2008年国际金融危机影响，2009年经济明显下滑，但仍好于欧盟多数国家，为欧盟27国中唯一实现正增长的国家，2011年起经济逐步走出衰退。值得注意的是，2020年波兰出现了负增长，GDP增长率为－2.02%，自1992年起至2020年前，波兰从未经历过连续两个季度的经济萎缩，而2020年波兰经济出现衰退，结束了自1992年起经济不间断增长的历史，2020年波兰的经济衰退是疫情导致的经济衰退，不同于一般意义的经济危机。② 波兰政府采取了一系列应对疫情的措施，2021年经济活动逐步恢复正常，2021年波兰GDP总量为5 983.03亿美元，比上年增长了383.45亿美元，相比2012年增长了1 618.55亿美元。2013年波兰GDP增长率为0.86%，2021年波兰GDP增长率达到6.85%。2021年波兰人均GDP为15 850.29美元，同比增长7.28%，比上年增长了1 075.30美元，与2012年人均GDP数据相比，近10年来增长了4 383.87美元。近十年波兰主要经济指标情况如表1－2所示。

---

① 中华人民共和国商务部走出去公共服务平台，http：//fec.mofcom.gov.cn.
② 《波兰发展报告2021》，https：//www.ydylcn.com/skwx_ydyl/bookdetail? SiteID=1&ID=11075871.

表 1-2　　　　　　　　2012—2021 年波兰主要经济指标情况

年份	GDP 总量（亿美元）	GDP 增长率（%）	人均 GDP（美元）	人均 GDP 增长率（%）
2012	4 364.48	—	11 466.42	—
2013	4 401.87	0.86	11 571.61	0.92
2014	4 570.76	3.84	12 024.61	3.91
2015	4 771.11	4.38	12 560.05	4.45
2016	4 912.03	2.95	12 936.57	3.00
2017	5 164.51	5.14	13 599.82	5.13
2018	5 471.55	5.95	14 408.38	5.95
2019	5 715.03	4.45	15 053.23	4.48
2020	5 599.58	-2.02	14 774.99	-1.85
2021	5 983.03	6.85	15 850.29	7.28

注：表中"—"表示以 2012 年为基期时 2012 年的增长率忽略不计。
数据来源：https://ceidata.cei.cn，"GDP、人均 GDP""增长率"以上年为基期计算得到。

波兰是欧盟成员国之一，2014—2019 年欧盟经济总量整体呈稳定上升趋势，2020 年受新冠疫情等影响经济出现波动，欧盟 GDP 总量降至 139 297.6 亿美元，同比减少 5.68%。2021 年经济形势逐渐恢复，欧盟 GDP 总量再次上升至 146 809.2 亿美元，同比增长 5.39%，根据波兰及欧盟整体经济总量数据可知，波兰历年 GDP 占欧盟 GDP 的比重呈平稳增长态势，2020 年起占比超过 4%，2021 年占比达 4.08%，相较于 2012 年 GDP 占比为 3.34% 上升了 0.74 个百分点，如表 1-3 所示。

表 1-3　　　　　　　　欧盟经济总量及波兰在欧盟占比情况

年份	欧盟 GDP（亿美元）	欧盟 GDP 增长率（%）	波兰 GDP 占欧盟 GDP 比重（%）
2012	130 495.30	—	3.34
2013	130 385.90	-0.08	3.38
2014	132 468.90	1.60	3.45
2015	135 525.10	2.31	3.52
2016	138 204.60	1.98	3.55
2017	142 127.50	2.84	3.63
2018	145 063.80	2.07	3.77
2019	147 682.30	1.81	3.87

续表

年份	欧盟 GDP（亿美元）	欧盟 GDP 增长率（％）	波兰 GDP 占欧盟 GDP 比重（％）
2020	139 297.60	-5.68	4.02
2021	146 809.20	5.39	4.08

注：表中"—"表示以2012年为基期时2012年的增长率忽略不计。
数据来源："GDP" https://ceidata.cei.cn，"增长率"以上年为基期计算得到。

从表1-2、表1-3和表1-4可见，2012—2021年波兰人均GDP增速（除2020年以外）一直保持正增长，2021年增长率最高，为7.28％；2020年受新冠疫情影响，人均GDP增长率最低，为-1.85％。2021年波兰人均GDP为15 850.29美元，达欧盟人均GDP水平48.28％，相较于2012年波兰人均GDP占欧盟人均GDP比重为38.79％，增长了9.49个百分点，而且2012—2021年波兰人均GDP增长率一直高于欧盟平均水平。

表1-4　　2012—2021年欧盟人均经济增长情况

年份	欧盟	
	人均GDP（美元）	人均GDP增速（％）
2012	29 562.63	—
2013	29 466.00	-0.33
2014	29 862.16	1.34
2015	30 484.53	2.08
2016	31 021.28	1.76
2017	31 851.78	2.68
2018	32 452.67	1.89
2019	33 011.44	1.72
2020	31 114.57	-5.75
2021	32 828.55	5.51

注：表中"—"表示以2012年为基期时2012年的增长率忽略不计。
数据来源："人均GDP" https://ceidata.cei.cn，"增长率"以上年为基期计算得到。

波兰的通货膨胀率在2012—2018年一直保持在较低水平。2021年的通货膨胀率为5.05％，高于波兰国家银行设定的通货膨胀目标（2.5％，上下浮动1个百分点）。较2012年2.22％的通货膨胀率，高出了2.83个百分点。波兰通货膨胀率上涨的主要原因是因为石油价格大幅上涨所引起的燃料价格和运输成本的上升。2012—2021年的通货膨胀率如表1-5所示。

表1-5　　　　2012—2021年波兰通货膨胀率　　　　单位:%

年份	通货膨胀率
2012	2.22
2013	0.22
2014	0.47
2015	1.32
2016	0.09
2017	1.76
2018	1.23
2019	3.03
2020	4.26
2021	5.05

数据来源：https://ceidata.cei.cn.

从失业率来看，从图1-3可以看出，不论是男性失业率还是女性失业率在经历了2012—2013年的短暂提升后，2013—2019年处于急剧下降趋势，男性失业率和女性失业率分别在2019年和2020年开始有所小幅回升。2021年男性失业率为3.42%，女性失业率为3.45%，相较于2012年，分别下降了6.41个百分点、7.81个百分点。此外，两条曲线不断靠近趋向重合，说明男性和女性的失业率随时间推移出现差距逐渐减小的现象，性别对失业的影响不显著。

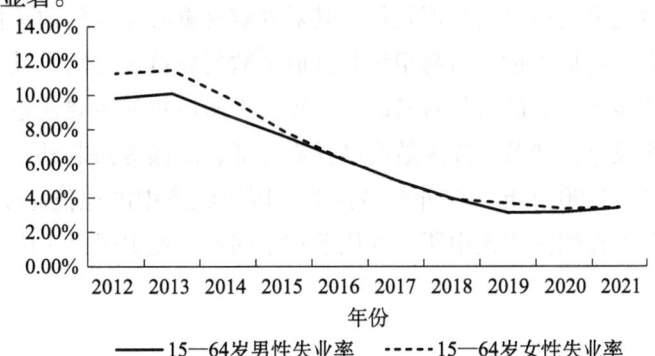

图1-3　2012—2021年波兰男性与女性失业率情况

数据来源：https://ceidata.cei.cn.

第二节
波兰的对外贸易

波兰经历了不同的历史时期和社会发展阶段，在不同的历史时期波兰的对外贸易具有不同特点。

在社会主义时期，波兰的对外贸易一直由国家垄断。对外贸易政策的主要原则是在平等互利的基础上，发展同世界各国的贸易往来。然而，在当时的历史条件下，波兰则一直主要与社会主义国家发展对外贸易关系。波兰的进出口总额占东欧国家总额的1/4。而波兰与社会主义国家（主要是与经互会国家）的进出口总额占其进出口总额的一半以上。其中苏联为波兰的最大贸易伙伴，占波兰进出口总额的23%左右；其次是民主德国、捷克斯洛伐克等其他东欧国家。1985年，波兰对西方发达国家的进出口额分别占其进口总额、出口总额的30.0%和32.9%，主要的出口产品有机器设备、燃料、原材料、消费品、食品等。

随着1989年东欧政局的剧变，波兰的对外贸易管理体制发生了彻底变革，取消了垄断性外贸经营的管理体制，实行外贸权力下放和非垄断化；通过降低进口关税等办法使对外贸易逐步走向自由化；实行全方位的对外贸易政策，尤其加大与西方国家的对外贸易往来。1991年经互会解体后，波兰完全实行自由外汇贸易，其对外贸易重心完全转向了西方发达国家；而自波兰加入世界贸易组织并且成为欧盟成员国之后，其对外贸易管理体制逐步与欧盟的对外贸易政策一致，进出口贸易主要通过关税、汇率等经济手段进行调节，除少数商品受许可证、配额等限制外，其余商品均放开经营。1990年起，对外贸易在波兰国民经济中的地位越来越重要，对外贸易收入在国民收入中所占的比重在全国各行业中居第3位。[1]

---

[1] http://euroasia.cssn.cn/eoybl/eoybl_gggk/gggk_bl/201004/t20100408_1846799.shtml.

波兰一直坚持自由化的基本原则,①在贸易领域积极制定一系列贸易政策、贸易法律法规,与其他国家和国际组织开展多边及双边经贸合作,推动扩大出口,实施反倾销调查并采取相应办法保护国内市场免遭进口产品冲击等一系列措施,保障贸易发展。②其中,波兰有关贸易的主要法律有《商品和服务对外贸易管理法》《海关法》《防止商品过量进入波兰关境法》《防止某些纺织品和服装过量进入波兰关境法》《反倾销法》和《外汇法》等。

一、进出口规模

波兰的进出口贸易分为货物贸易和服务贸易,货物贸易占比较大,在2012—2021年,货物贸易额占贸易总额的80%以上,服务贸易额占比呈先递增后小幅下降的趋势。

2012—2021年,波兰货物贸易进出口额呈现逐渐递增趋势。在2012—2014年,波兰进出口额持续逆差,2012年逆差较大。在2015—2021年,除了2018年和2021年存在逆差,其余年份均为顺差。2021年波兰进出口总额8 061.6亿美元,其中货物贸易进出口额6 762.49亿美元,服务贸易进出口额1 299.11亿美元。在货物贸易中,出口额3 379.08亿美元,进口额3 383.41亿美元,贸易逆差4.33亿美元。③相较于2012年,波兰货物贸易规模增加了2 918.15亿美元,其中出口额增加了1 525.34亿美元,进口额增加了1 392.81亿美元。详见表1-6。

表1-6　　2012—2021年波兰货物贸易进出口情况

年份	进出口总额（亿美元）	进出口增长率（%）	出口额（亿美元）	出口增长率（%）	进口额（亿美元）	进口增长率（%）	顺（逆）差（亿美元）
2012	3 844.34	—	1 853.74	—	1 990.60	—	-136.86
2013	4 125.91	7.32	2 049.84	10.58	2 076.07	4.29	-26.23

---

① https://wenku.baidu.com/view/9d9ed8b4740bf78a6529647d27284b73f3423658.html?_wkts_=1675142311435&bdQuery=%E6%B3%A2%E5%85%B0%E5%A4%96%E8%B4%B8%E6%88%98%E7%95%A5.

② https://wenku.baidu.com/view/91b785089b8fcc22bcd126fff705cc1754275f26.html?_wkts_=1675143516913&bdQuery=%E6%B3%A2%E5%85%B0%E5%A4%96%E8%B4%B8%E6%88%98%E7%95%A5.

③ https://stats.wto.org.

续表

年份	进出口总额（亿美元）	进出口增长率（%）	出口额（亿美元）	出口增长率（%）	进口额（亿美元）	进口增长率（%）	顺（逆）差（亿美元）
2014	4 436.08	7.52	2 200.52	7.35	2 235.56	7.68	-35.04
2015	3 955.97	-10.82	1 991.24	-9.51	1 964.73	-12.11	26.51
2016	4 033.23	1.95	2038.17	2.36	1 995.06	1.54	43.11
2017	4 681.76	16.08	2 343.64	14.99	2 338.12	17.20	5.52
2018	5 325.28	13.75	2 635.69	12.46	2 689.59	15.03	-53.9
2019	5 318.77	-0.12	2 665.95	1.15	2 652.82	-1.37	13.13
2020	5 354.61	0.67	2 738.35	2.72	2 616.26	-1.38	122.09
2021	6 762.49	26.29	3 379.08	23.40	3 383.41	29.32	-4.33

注：表中"—"表示以2012年为基期时2012年的增长率忽略不计；顺（逆）差中负值表示逆差，正值表示顺差。

数据来源：https://stats.wto.org，"增长率"的计算以上年为基期。

2012—2021年，波兰服务贸易进出口额总体呈上升趋势。其中，除2015年和2020年出现负增长外，其他年份均实现稳定正增长。2021年波兰服务贸易进出口额1 299.11亿美元。其中，出口805.72亿美元，进口493.39亿美元，顺差312.33亿美元。相较于2012年，服务贸易进出口额增加了579.67亿美元，其中出口增加了405.5亿美元，进口增加了174.17亿美元。2012—2021年，波兰在服务贸易方面持续顺差且顺差额不断增大。详见表1-7。

表1-7　　2012—2021年波兰服务贸易进出口情况

年份	进出口总额（亿美元）	进出口增长率（%）	出口额（亿美元）	出口增长率（%）	进口额（亿美元）	进口增长率（%）	顺（逆）差（亿美元）
2012	719.44	—	400.22	—	319.22	—	81
2013	766.61	6.56	436.18	8.99	330.43	3.51	105.75
2014	826.96	7.87	476.02	9.13	350.94	6.21	125.08
2015	761.56	-7.91	441.08	-7.34	320.48	-8.68	120.60
2016	822.20	7.96	487.2	10.46	335	4.53	152.20
2017	949.63	15.50	575.4	18.10	374.23	11.71	201.17
2018	1 113.29	17.23	682.12	18.55	431.17	15.22	250.95
2019	1 137.55	2.18	702.33	2.96	435.22	0.94	267.11

续表

年份	进出口总额（亿美元）	进出口增长率（%）	出口额（亿美元）	出口增长率（%）	进口额（亿美元）	进口增长率（%）	顺（逆）差（亿美元）
2020	1 062.43	-6.60	661.17	-5.86	401.26	-7.80	259.91
2021	1 299.11	22.28	805.72	21.86	493.39	22.96	312.33

注：表中"—"表示以2012年为基期时2012年的增长率忽略不计；顺（逆）差中负值表示逆差，正值表示顺差。

数据来源：https://stats.wto.org，"增长率"的计算以上年为基期。

二、进出口商品结构

（一）出口商品结构

在2012—2021年，波兰的货物贸易中，工业制品的出口始终居于首位。2021年工业制品出口额占比为80.07%，为2 705.71亿美元。而2012年工业制品出口额占比76.42%，为1 416.74亿美元。在2012—2021年工业制品出口额占比呈不断上升趋势。

在工业制品中，机械和运输设备、化学制品、自动化产品的出口额位居前三。2021年，机械和运输设备出口占比36.99%，为1 250.06亿美元，化学制品出口占比9.78%，为330.5亿美元，自动化产品出口占比9.22%，为311.83亿美元。而2012年，机械和运输设备出口占比37.39%，为693.14亿美元，化学制品出口占比9.09%，为168.51亿美元，自动化产品出口占比12.67%，为235.04亿美元。

农产品在货物贸易出口中占比较为稳定，2021年，农产品出口占比13.93%，为470.64亿美元，而2012年，农产品出口占比13.45%，为249.34亿美元。2012—2021年，出口占比保持在13%—15%。

燃料和矿产品在货物贸易中出口占比呈下降趋势，2021年，燃料和矿产品出口占比5.85%，为197.79亿美元，而2012年，燃料和矿产品出口占比9.73%，为180.31亿美元。

表1-8　　　　2012—2021年波兰货物出口商品分类　　　　单位：亿美元

商品分类	2012年	2013年	2014年	2015年	2016年	2017年	2018年	2019年	2020年	2021年
货物总额	1 853.74	2 049.84	2 200.52	1 991.24	2 038.17	2 343.64	2 635.69	2 665.95	2 738.35	3 379.08
农产品	249.34	291.74	314.86	285.87	288.66	337.68	376.20	379.33	412.14	470.64
其中：食品	225.10	262.88	283.84	258.46	260.81	306	339.62	344.45	378.15	428.88

续表

商品分类	2012年	2013年	2014年	2015年	2016年	2017年	2018年	2019年	2020年	2021年
燃料和矿产品	180.31	182.64	178.04	136.56	112.37	131.26	148.86	140.86	124.10	197.79
其中：燃料	92.05	97.46	91.32	65.29	50.99	58.15	69.06	58.89	41.32	71.93
工业制品	1 416.74	1 571.22	1 705.17	1 565.36	1 630.46	1 867.95	2 105.96	2 139.96	2 190.36	2 705.71
其中：										
钢铁	53.50	50.58	49.43	41.11	40.69	53.38	61.67	55.59	49.91	77.75
化学制品	168.51	188.46	200.12	175.85	186.61	223.52	236.66	242.14	263.15	330.50
药物	24.64	31.65	36.68	31.52	30.12	45.37	38.99	41.29	50	55.23
机械和运输设备	693.14	771.33	832.51	765.98	777.89	867.45	983.11	1 015.23	1 024.22	1 250.06
办公和电信设备	130.16	137.14	169.71	149.14	137.03	145.80	160.69	163.37	187.15	220.93
电子数据处理和办公设备	37.81	36.57	44.89	46.29	46.91	51.13	64.56	70.92	74.79	79.76
通信设备	89.23	97.62	117.38	95.55	82.69	88.92	90.89	88.66	108.89	136.41
集成电路和电子元件	3.11	2.95	7.45	7.31	7.43	5.75	5.24	3.79	3.47	4.77
运输设备	313.77	352.1	360.39	338.66	347.4	380.22	420.10	418.33	384.12	445.17
自动化产品	235.04	249.1	257.68	239.88	264.86	298.04	320.36	322	289.13	311.83
纺织品	20.83	22.75	25.49	23.32	24.78	27.91	31.86	31.79	33.66	39.22
服装	36.02	40.32	46.89	47.06	52.44	58.80	71.20	74.65	90.74	117.87

数据来源：https://stats.wto.org

（二）进口商品结构

在进口商品结构中工业制品依旧居于首位，2021年工业制品进口占比77.88%，为2 634.91亿美元。而2012年，工业制品进口占比70.19%，为1 397.29亿美元。在2012—2021年工业制品进口占比呈不断上升趋势，进口规模从2012年的1 397.29亿美元增加至2021年的2 634.91亿美元。

在工业制品中，机械和运输设备、化学制品、运输设备的进口分别居于前三位。2021年，机械和运输设备进口占比34.43%，为1 164.96亿美元。化学制品进口占比14.78%，为500.1亿美元。运输设备进口占比10.30%，为348.58亿美元。而2012年，机械和运输设备进口占比32.15%，为639.93亿美元。化学制品进口占比13.9%，为276.67亿美元。运输设备进口占比11.16%，为222.17亿美元。

农产品在货物贸易中进口占比较为稳定，2021年，波兰的农产品进口占比9.6%，为324.78亿美元。而2012年，农产品进口占比10.19%，为202.81亿美元。在2012—2021年进口占比较为稳定，保持在9%—11%。

燃料和矿产品在货物贸易中进口规模及占比呈现下降趋势，2021年，波兰燃料和矿产品进口占比10.11%，为342.12亿美元。而2012年，燃料和矿产品进口占比16.64%，为331.17亿美元。详见表1-9。

表1-9　　2012—2021年波兰货物进口商品分类　　单位：亿美元

商品分类	2012年	2013年	2014年	2015年	2016年	2017年	2018年	2019年	2020年	2021年
货物总额	1990.60	2076.07	2235.56	1964.73	1995.06	2338.12	2689.59	2652.82	2616.26	3383.41
农产品	202.81	216.32	228.87	201.55	214.21	245.20	266.76	265.02	281.87	324.78
食品	164.66	177.77	188.75	168.05	180.44	207.01	222.90	224.89	244.55	276.22
燃料和矿产品	331.17	310.17	309.48	210.30	184.69	246.98	320.26	287.64	223.60	342.12
燃料	262.91	239.27	234.32	142.43	118.47	163.79	226.83	200.31	135.43	209.52
工业制品	1397.29	1497.36	1654.30	1523.42	1570.69	1807.98	2058.67	2056.80	2078.36	2634.91
钢铁	90.35	88.82	97.73	79.74	80.37	102.24	123.07	108.23	99.41	169.23
化学制品	276.67	297.20	321.25	275.51	293.37	338.99	367.16	358.91	380.65	500.10
药物	55.14	59.48	62.28	54.50	59.65	68.94	77.91	77.31	89.30	104.77
机械和运输设备	639.93	696.48	756.41	718.16	717.74	812.44	936.79	966.11	947.51	1164.96
办公和电信设备	159.01	172.91	185.25	177.88	168.98	182.81	196.26	202.54	236.08	286.16
电子数据处理和办公设备	57.70	58.88	60.60	59.12	55.85	63.03	69.20	66.63	80.94	87.13
通信设备	78.66	90.53	92.61	88.45	83.91	91.59	96.71	101.25	111.37	143.89
集成电路和电子元件	22.65	23.50	32.03	30.31	29.22	28.19	30.36	34.66	43.77	55.14
运输设备	222.17	249.76	262.96	245.77	260.08	295.81	344.69	350.63	278.60	348.58
自动化产品	146.70	159.46	174.37	164.35	198.60	229.28	265.08	266.58	212.04	261.27
纺织品	40.19	43.02	47.36	41.95	43.99	46.54	49.10	47.76	50.43	55.60
服装	39.65	42.11	54.05	55.82	61.97	72.65	88.28	89.89	110.84	135.94

数据来源：https://stats.wto.org.

(三)服务贸易结构

在2012—2021年波兰服务贸易出口中,运输、旅游、电信、计算机和信息服务、其他商业服务位居前四。2021年运输出口占比29.59%,为238.39亿美元。而2012年,运输出口占比25.87%,为103.52亿美元。

2021年旅游业占波兰服务贸易出口总额的11.29%,为91亿美元。而2012年,旅游占波兰服务贸易出口总额的27.04%,为108.23亿美元。波兰旅游出口在2012—2019年呈现逐步递增趋势,从108.23亿美元增加到140.13亿美元,在2020—2021年出口骤降为81.99亿美元、91亿美元。

2021年电信、计算机和信息服务业出口额占波兰服务贸易出口总额的14.39%,为115.97亿美元。而2012年,电信、计算机和信息服务占波兰服务贸易出口总额的7.19%,为28.77亿美元。随着波兰经济增速迅猛,中欧班列助力"一带一路"建设,改变中国电子商务的出口态势,波兰是拓展中东欧电子商务市场的不二之选,① 也是其发展迅猛的原因。

2021年其他商业服务业出口额占波兰服务贸易出口总额的26.92%,为216.91亿美元。而2012年,其他商业服务业占波兰服务贸易出口总额的24.5%,为98.03亿美元。其他商业服务包括研究和开发服务、专业和管理咨询服务、技术、贸易和其他商业服务。详见表1-10。

表1-10 2012—2021年波兰服务贸易出口结构 单位:亿美元

出口分类	2012年	2013年	2014年	2015年	2016年	2017年	2018年	2019年	2020年	2021年
商业服务	400.20	436.17	475.99	441.07	487.19	575.40	680.9	702.29	661.13	805.68
基于他人拥有的实物投入的制造服务	23.97	33.32	38.93	34.55	37.29	42.16	47.71	45.32	43.15	51.74
维护和维修服务	5.92	10.48	11.57	11.59	13.22	17.37	19.70	19.81	21.21	24.54
运输	103.52	113.87	123.85	113.62	126.31	149.10	181.83	190.44	186.17	238.39
旅游	108.23	111.73	115.93	102.74	108.31	126.96	140.14	140.13	81.99	91.00
建设	15.82	16.93	17.37	15.39	17.39	19.83	22.60	20.25	18.20	23.96

---

① https://www.elecfans.com/news/663728.html.

续表

出口分类	2012年	2013年	2014年	2015年	2016年	2017年	2018年	2019年	2020年	2021年
保险和养老金服务	2.78	3.34	2.57	4.22	4.61	4.62	4.20	4.55	4.66	6.28
金融服务	6.99	7.34	7.87	6.85	6.92	9.17	9.93	10.03	10.94	12.08
知识产权使用费	2.29	3.10	3.46	4.17	4.46	5.72	6.16	6.45	10.96	14.77
电信、计算机和信息服务	28.77	34.15	42.40	44	53.28	63.58	80.13	86.12	94.07	115.97
其他商业服务	98.03	98.09	107.78	99.38	108.43	129.43	159.69	169.73	180.98	216.91
个人、文化和娱乐服务	3.87	3.83	4.26	4.57	6.98	7.46	8.82	9.46	8.78	10.03
政府商品及服务	0.01	0.01	0.03	0.01	0.01	0	1.22	0.04	0.04	0.04

数据来源：https://stats.wto.org.

在2012—2021年波兰服务业贸易进口中，运输，旅游，知识产权使用费，电信、计算机和信息服务，其他商业服务位居前五。2021年运输占波兰服务贸易进口总额的26.51%，为130.46亿美元。而2012年，运输占波兰服务贸易进口总额的18.14%，为57.67亿美元。

2021年旅游业占波兰服务贸易进口总额的11.69%，为57.51亿美元。而2012年，旅游业进口额占波兰服务贸易进口总额的26.95%，为85.67亿美元。波兰旅游在2012—2019年呈现逐步递增趋势，在2020—2021年骤降，主要是因疫情产生了不利影响。

2021年知识产权使用费占波兰服务贸易进口总额的8.21%，为40.44亿美元。而2012年，知识产权使用费占波兰服务贸易进口总额的7.31%，为23.24亿美元。

2021年电信、计算机和信息服务业进口额占波兰服务贸易进口总额的13.95%，为68.63亿美元。而2012年，电信、计算机和信息服务业进口额占波兰服务贸易进口总额的7.81%，为24.85亿美元。

2021年其他商业服务业进口额占波兰服务贸易进口总额的28.44%，为139.93亿美元。而2012年，其他商业服务业进口额占波兰服务贸易进口总额的24.6%，为78.22亿美元。详见表1-11。

表1-11　　2012—2021年波兰服务贸易进口分类　　单位：亿美元

进口分类	2012年	2013年	2014年	2015年	2016年	2017年	2018年	2019年	2020年	2021年
商业服务	317.90	329.10	349.62	319.36	333.91	373.03	429.94	433.88	400.08	492.05
基于他人拥有的实物投入的制造服务	1.37	2.52	3.13	3.97	3.59	3.79	4.26	4.31	3.83	4.17
维护和维修服务	2.39	8.01	10.73	7.85	8.29	9.47	11.48	11.83	10.69	12.47
运输	57.67	57.12	63.72	58.39	64.22	73.99	88.26	91.05	87.22	130.46
旅游	85.67	86.26	85	76.97	78.58	87.76	96.24	92.86	52.66	57.51
建设	8.07	8.30	8.03	10.54	5.12	4.76	5.12	6.53	5.21	8.19
保险和养老金服务	9.33	9.38	10.98	9.93	10.26	9.80	10.84	10.87	9.94	12.25
金融服务	15.75	11.83	11.78	9.95	9.86	9.50	10.63	9.32	9.75	11.50
知识产权使用费	23.24	26.87	29.58	24.36	26.95	31.44	36.51	37.35	35.12	40.44
电信、计算机和信息服务	24.85	28.38	30.09	29.86	33.90	39.35	48.00	48.89	58.42	68.63
其他商业服务	78.22	82.79	88.48	80.28	85.34	95.03	112.19	114.60	121.77	139.93
个人、文化和娱乐服务	11.34	7.64	8.11	7.24	7.81	8.13	6.39	6.27	5.48	6.50
政府商品及服务	1.31	1.33	1.32	1.12	1.09	1.20	1.23	1.34	1.19	1.33

数据来源：https://stats.wto.org.

三、进出口地理方向

波兰对外贸易地理方向的分布中，欧盟是波兰对外贸易的最大市场，其中德国是波兰最大的贸易伙伴，是最大出口市场以及最大进口来源国。表1-12显示了波兰与欧盟之间的双边贸易往来情况，在加入欧盟前的2003年，波兰对欧盟的进出口额只有135亿兹罗提（约合45亿美元）。波兰加入欧盟后，与其他成员国的贸易往来大幅增加，在与欧盟贸易中，波兰是中东欧新成员国中向欧盟出口增加最快、最多的国家，波兰已占中东欧的欧盟成员国向欧盟出口额的27%。[①] 2012—2021年波兰对欧盟出口

---

① http://www.easdri.org.cn/newsinfo/518398.html.

在波兰出口总额的占比由69.4%逐年递增至75%,2021年波兰出口额中有75%出口到欧盟,相较于2012年占比提升了5.6个百分点;在进口方面,2012—2021年波兰从欧盟进口占波兰进口总额的占比始终维持在65%—70%,波动幅度不大。

表1-12　　　2012—2021年波兰对欧盟进出口份额　　　　　单位:%

年份	波兰对欧盟出口份额占比	波兰对欧盟进口份额占比
2012	69.40	65.20
2013	68.50	66.20
2014	71.00	66.90
2015	72.60	67.80
2016	73.10	69.60
2017	73.50	69.00
2018	74.30	67.40
2019	74.00	66.50
2020	74.00	67.70
2021	75.00	66.40

数据来源:欧盟统计局,https://ec.europa.eu/eurostat/databrowser/view/tet00 037/default/table.

WTO网站的数据显示,2021年波兰出口的主要目的地包括欧盟、英国、俄罗斯、美国、乌克兰,其中,欧盟在波兰出口中占比最大,达74.7%,而德国是波兰第一大出口目的地,占比为28.8%,其次是英国和俄罗斯,占比分别是5.1%和2.8%;波兰进口来源地主要有欧盟、中国、俄罗斯、美国、韩国,其中,欧盟占比最大,德国仍旧是波兰第一大进口来源地,占比为53.3%,其次是中国和俄罗斯,占比分别为14.8%和6%。详见表1-13。

表1-13　　2021年波兰商品贸易主要出口目的地及进口来源地

排序	出口目的地	在总出口额中占比(%)	进口来源地	在总进口额中占比(%)
1	欧盟	74.70	欧盟	53.30
2	英国	5.10	中国	14.80
3	俄罗斯	2.80	俄罗斯	6.00

续表

排序	出口目的地	在总出口额中占比（%）	进口来源地	在总进口额中占比（%）
4	美国	2.70	美国	3.10
5	乌克兰	2.20	韩国	2.30
6	其他	12.60	其他	20.60

数据来源：根据世界贸易组织 https：//www.wto.org 数据整理计算得到。

随着贸易全球化的加速发展，中国和波兰的贸易额不断增长，贸易机制不断完善，贸易领域也不断扩大。中波两国利用各自的资源优势，在服务贸易领域和货物贸易领域都有密切的贸易往来。波兰处于欧洲中部，连接欧洲各国，是"一带一路"沿线的必经之地，签订的相关贸易协定极大地推动了中国与波兰贸易发展。中国和波兰政府还建立了联委会机制，并多次举办贸易工商论坛，推动中国与波兰贸易快速稳定向前发展。

中国与波兰的经贸关系始于 1950 年，至今大致经历了三个发展阶段：1950—1989 年是政府间协定贸易阶段，1990—2003 年是经贸合作转型和发展阶段，2004 年以来是中国和波兰在友好合作关系框架下新的发展阶段，2011 年两国建立了战略伙伴关系，2012 年启动中国—中东欧 16+1 合作机制，2015 年，中国和波兰两国缔结《共同进行"一带一路"建设备忘录》。波兰是中国在中东欧地区最重要的经贸合作伙伴之一，是中东欧地区首个对中国贸易额突破 100 亿美元的国家。近年来，两国经贸领域往来频繁，双边经贸关系发展总体上平稳顺利，贸易额持续增长，相互投资趋向活跃，合作领域不断拓宽，目前中国已连续多年保持波兰主要进口来源国前三的地位。其中，2021 年中国和波兰的贸易总额达 421.20 亿美元，[1] 同比增长 35.65%，相较于 2012 年中波双边贸易额为 143.83 亿美元，增加了 277.37 亿美元，增长了 192.85%，占 2021 年中国进出口总额的 0.7%。中国对波兰出口额 365.78 亿美元，同比增长 36.84%，占中国出口总额的 1.1%；从波兰进口额 55.42 亿美元，同比增长 28.29%，占中国进口总额的 0.2%。[2] 在 2012 年，波兰对中国出口额 19.97 亿美元，自中国进口额 123.86 亿美元，波兰逆差 103.90 亿美元，中国是波兰第四大进口来源地，在波兰的出口贸易伙伴排名中，中国居第 22 位。2021 年

---

[1] https：//www.mfa.gov.cn/web/zwbd_673032/wjzs/202210/t20221014_10783707.shtml.
[2] https：//m.shujujidi.com/caijing/879.html.

中国成为波兰第二大进口来源地,仅次于德国。详见表1-14。

表1-14　2012—2021年中国—波兰进出口情况一览表

年份	进出口总额（亿美元）	进出口增长率（%）	出口额（亿美元）	出口增长率（%）	进口额（亿美元）	进口增长率（%）	顺（逆）差（亿美元）
2012	143.83	—	123.86	—	19.97	—	103.90
2013	148.07	2.95	125.75	1.53	22.32	11.77	103.43
2014	171.92	16.11	142.57	13.38	29.35	31.50	113.22
2015	170.87	-0.61	143.45	0.62	27.42	-6.58	116.03
2016	176.38	3.22	151.00	5.26	25.38	-7.44	125.62
2017	212.27	20.35	178.73	18.36	33.54	32.15	145.20
2018	245.22	15.52	208.76	16.80	36.45	8.68	172.31
2019	278.22	13.46	238.80	14.39	39.41	8.12	199.39
2020	310.51	11.61	267.31	11.94	43.20	9.62	224.10
2021	421.20	35.65	365.78	36.84	55.42	28.29	310.36

注：表中"—"表示以2012年为基期时2012年的增长率忽略不计；"增长率"以上年为基期计算得到。

数据来源：https://ceidata.cei.cn.

四、贸易平台

波兰一直以来积极开展对外交流合作并加入各类一体化组织,对波兰扩大对外开放,提升国际竞争力起到重要推动作用。1948年波兰参加了《哈瓦那宪章》的制定,成为《关税和贸易总协定》的成员方。1955年波兰成为华沙条约组织和经济互助委员会成员。[1][2] 1992年,波兰参与达成了《中欧自由贸易区协定》,[3] 自1993年3月1日起,波兰、捷克、斯洛伐克、匈牙利四国对机械、加工工业品和部分化工产品全部取消关税,对其

---

[1] 华沙条约组织（又称华沙公约组织,简称华约组织或华约）是为对抗北大西洋公约组织而成立的政治军事同盟。1991年7月1日,华沙条约组织正式解散。

[2] 经济互助委员会,简称经互会,是由苏联组织建立的一个由社会主义国家组成的政治经济合作组织,相当于欧洲经济共同体的社会主义阵营的经济共同体,总部设在莫斯科,是继承莫洛托夫计划后的经济合作计划。1991年6月28日,该组织在布达佩斯正式宣布解散。

[3] 《中欧自由贸易区协定》最初由波兰、捷克、斯洛伐克、匈牙利于1992年12月签署,其宗旨是加强成员国之间在经济领域的协调,推动地区经济合作关系,谋求共同发展；通过相互配合,做出集体努力,尽快加入欧盟。

他工业品采取部分减免关税或取消数量限制。2003年,波兰因申请加入欧盟退出该协定。① 2004年5月,波兰正式加入欧盟。② 1993年3月,波兰加入北大西洋公约组织。1995年1月1日,波兰成为世界贸易组织(WTO)的创始成员国,1996年11月25日成为第28个经济合作与发展组织(OECD)正式成员。2004年加入欧盟后,波兰与其他伙伴缔结《自由贸易协定》。除与EFTA(欧洲经济区)、瑞士(自由贸易区)和土耳其(关税同盟)签订的这三个协议外,其他主要协定还包括欧盟与地中海国家的联系协议(包括阿尔及利亚、埃及、以色列、约旦、黎巴嫩、摩洛哥、巴勒斯坦、寂利亚、突尼斯和土耳其,利比亚为观察国),与原南斯拉夫国家的稳定和联系协议,与墨西哥和智利签订的联系协议,与南非的贸易、发展与合作协议,与韩国的自由贸易协定,与哥伦比亚和秘鲁的多边贸易协定,与中美洲国家(哥斯达黎加、洪都拉斯、萨尔瓦多、危地马拉、尼加拉瓜和巴拿马)的贸易协定。③ 2007年12月波兰加入申根协定。④ 2012年4月26日,中国—中东欧国家合作机制宣告成立。波兰作为中东欧国家中的一员,在中国—中东欧合作发展中具有积极作用。目前,波兰已与全球75个国家和地区签订了贸易协定,其中,作为欧盟成员国联合签署的贸易协定共53个,与"一带一路"国家签订的贸易协定共14个。

表1-15　波兰与"一带一路"国家签署自由贸易协定情况

国家	覆盖范围	类型	签订日期
阿尔巴尼亚	商品和服务	自由贸易协议与经济一体化协议	2006/6/12
波黑	商品和服务	自由贸易协议与经济一体化协议	2008/6/16
埃及	商品	自由贸易协定	2001/6/25
格鲁吉亚	商品和服务	自由贸易协议与经济一体化协议	2014/6/27

---

① http://www.chinadaily.com.cn/jjzg/2006-12/20/content_763679.html.
② 欧洲联盟简称欧盟(EU),总部设在比利时首都布鲁塞尔,是由欧洲共同体发展而来的,创始成员国有6个,分别为德国、法国、意大利、荷兰、比利时和卢森堡。现拥有27个会员国,正式官方语言有24种。
③ 中华人民共和国商务部走出去公共服务平台,http://fec.mofcom.gov.cn.
④ 申根协定,1985年6月14日,德国、法国、荷兰、比利时和卢森堡五国在卢森堡边境小镇申根签署了《关于逐步取消共同边界检查协定》(又称《申根协定》),其宗旨意在取消各成员国之间边境,自由通行,无限期居住,现共有成员国28个。

续表

国家	覆盖范围	类型	签订日期
以色列	商品	自由贸易协定	1995/11/20
约旦	商品	自由贸易协定	1997/11/24
黎巴嫩	商品	自由贸易协定	2002/6/17
黑山	商品和服务	自由贸易协议与经济一体化协议	2007/10/15
摩尔多瓦	商品和服务	自由贸易协议与经济一体化协议	2014/6/27
塞尔维亚	商品和服务	自由贸易协议与经济一体化协议	2008/4/29
巴勒斯坦	商品	自由贸易协定	1997/2/24
叙利亚	商品	自由贸易协定	1977/1/18
马其顿	商品和服务	自由贸易协议与经济一体化协议	2001/4/9
乌克兰	商品和服务	自由贸易协议与经济一体化协议	2014/6/27

资料来源：世界贸易组织，https://www.wto.org。

第三节
波兰的对外投资

根据联合国贸发会议发布的《2022年世界投资报告》，2021年波兰外国直接投资流入量为248.16亿美元，占欧盟外国直接投资流入量的18.04%，在欧盟成员国内排第四位，仅次于德国、瑞典和比利时，而2012年波兰外国直接投资流入量在欧盟成员国中排第十位，位置总体提升6位。而在第14届年度全球最佳投资目的城市排名中，波兰首都华沙居全球第九位。波兰宏观经济较为稳定，劳动力成本较低，加之其接近欧洲主要市场，是中东欧地区吸引外国直接投资最多的国家，虽然受到2020年新冠疫情的冲击，波兰仍是有吸引力的投资目的地之一。波兰积极推进对外合作，越来越多的波兰本土企业走出国门进行投资。此外，2018年6月30日，波兰出台了新的投资法案，取代原特殊经济区政策，税收减免突破地域限制，实现全国化，获得投资支持的标准也相应调整，该法案目前适用于全波兰境内，而过去仅适用于经济特区，符合一定条件的新投资可以享受所得税减免，该法案的实施进一步促进了波兰双向投资的发展。

一、FDI 流入情况

（一）流入规模

首先，从 FDI 流入来看，2012—2021 年，波兰外资流入情况出现较大幅度波动。2021 年波兰外资流入量为 248.16 亿美元，是近年来吸引外资最多的一年，同比增长 79.42%。2013 年外资流入量仅 36.25 亿美元，为近年来吸引外资最少的一年，同比减少 70.82%。在经历 2013 年锐减之后，2014 年 FDI 流入量出现猛增，吸引外资 142.69 亿美元，同比增长 293.63%，与 2012 年相比增加 18.45 亿美元，增长约 14.85%，占全球 FDI 流入量的 1.13%，占"一带一路"国家流入量的 3.15%，占中东欧 16 国流入量的 34.14%。2014—2016 年外资流入量稳定增长，在 2017 年再次出现大幅减少，此后在 2019 年也出现了负增长，这一变化主要受经济形势、全球投资形势以及波兰自身的影响，比如波兰针对外国企业家投资相关政治法律法规的不规范性等。随着疫情后经济不断恢复，2021 年外资流入量再次实现猛增，达到近年来外资流入最高额，在整个欧盟国家中排第三位，在世界排第十四位，在欧盟，只有德国和瑞典的外资流入量超过波兰。见表 1 - 16。

表 1 - 16　　2012—2021 年波兰 FDI 流入情况

项目	2012 年	2013 年	2014 年	2015 年	2016 年	2017 年	2018 年	2019 年	2020 年	2021 年
流入额（亿美元）	124.24	36.25	142.69	152.71	156.90	91.72	159.96	135.10	138.31	248.16
增速（%）	—	-70.82	293.63	7.02	2.74	-41.54	74.40	-15.54	2.38	79.42

注：表中"—"表示以 2012 年为基期时 2012 年的增长率忽略不计；"增速"以上年为基期计算得到。

数据来源：https://unctadstat.unctad.org/wds/TableViewer/tableView.aspx.

其次，从 FDI 流入存量来看，2012—2018 年，波兰外资流入存量波动较大，2013—2015 年持续下降，2016 年有所回升，但幅度不大，2017 年出现显著增长，增速达 27.37%，为近 10 年增速最快时期。2018—2021 年整体呈现稳定上升趋势，其中，2021 年波兰外资流入存量为近年来最高，达 2 692.25 亿美元，同比增长 7.81%。见表 1 - 17。

表1-17　　　　　　2012—2021年波兰FDI流入存量情况

年份	2012	2013	2014	2015	2016	2017	2018	2019	2020	2021
流入存量（亿美元）	1 989.53	2 291.67	2 114.84	1 859.86	1 887.34	2 403.82	2 295.27	2 405.86	2 497.23	2 692.25
增速（%）	—	15.19	-7.72	-12.06	1.48	27.37	-4.52	4.82	3.80	7.81

注：表中"—"表示以2012年为基期时2012年的增长率忽略不计；"增速"以上年为基期计算得到。

数据来源：https://unctadstat.unctad.org/wds/TableViewer/tableView.aspx。

（二）FDI流入来源地

表1-18、表1-19、表1-20分别列出了2012、2017和2021年波兰FDI流入额前10名的来源地及其流入额占FDI流入总量的比重。三个主要年份中来源地前10名流入额加总占流入额总量比重均超过80%，从外资来源地可以看出，由于波兰与欧洲各国的地缘关系及历史文化的认同感等因素，特别是波兰经济与欧洲经济的长期融合，使欧洲一直是波兰外资的最重要来源地区。目前波兰吸收的外国直接投资主要来自欧盟国家。其中，从主要年份来看，德国、荷兰始终保持着波兰FDI流入来源地前二的位置，占比为14%—20%。2017年和2021年荷兰均位居波兰FDI流入来源国榜首，流入额占比分别为18.70%和19.80%，相比2012年，占比增加3.61个百分点、4.71个百分点，提升了一个名次，超越德国。2017年和2021年来自德国FDI流入额占比分别为17.61%、16.71%，较2012年有所增加。

此外，法国、卢森堡、西班牙、英国等国家也是波兰外资流入主要来源国，多次出现在排行榜上。

表1-18　　　　　2012年波兰FDI流入来源地TOP10及占比

排名	来源地国家	流入额占比（%）
1	德国	15.09
2	荷兰	14.75
3	法国	12.31
4	卢森堡	10.22
5	意大利	5.60
6	西班牙	5.44
7	瑞典	4.69
8	美国	4.56

续表

排名	来源地国家	流入额占比（%）
9	英国	4.23
10	澳大利亚	3.41

注：根据国际货币基金组织数据整理计算得到。
数据来源：https://data.imf.org.

表1-19　2017年波兰FDI流入来源地TOP10及占比

排名	来源地国家	流入额占比（%）
1	荷兰	18.70
2	德国	17.61
3	卢森堡	13.79
4	法国	9.39
5	西班牙	6.11
6	英国	4.82
7	澳大利亚	4.24
8	塞浦路斯	3.52
9	比利时	3.23
10	瑞士	2.96

注：根据国际货币基金组织数据整理计算得到。
数据来源：https://data.imf.org.

表1-20　2021年波兰FDI流入来源地TOP10及占比

排名	来源地国家	流入额占比（%）
1	荷兰	19.80
2	德国	16.71
3	卢森堡	12.50
4	法国	8.59
5	塞浦路斯	5.05
6	西班牙	5.01
7	澳大利亚	4.00
8	英国	3.56
9	比利时	3.25
10	瑞士	3.00

注：根据国际货币基金组织数据整理计算得到。
数据来源：https://data.imf.org.

（三）FDI 流入行业

从外资投资波兰的领域来看，前五大领域分别为制造业、机动车维修、批发零售业、科技研发、通信业。具体来看，汽车、家电、电子、物流等行业聚集了在波兰投资的大型跨国公司，如菲亚特克莱斯勒、大众、奔驰等汽车制造商分别在波兰投资了整车生产基地。波兰还致力于吸引电动汽车上下游产业链，拥有 61 家锂电池制造厂，数量在欧洲排名第三，仅次于德国（76 家）和意大利（67 家），已成为欧洲锂电池生产领先者。韩国 LG 波兰工厂已成为世界最大的锂电池工厂，总生产能力超过 100GWh。博世、伊莱克斯、三星、惠而浦、LG 分别在波兰投资建设家用电器生产基地；戴尔、捷普、伟创力、冠捷、康柏支撑了波兰电子装配产业；亚马逊在波兰开设了多个物流中心。①

二、FDI 流出情况

（一）流出规模

从 FDI 流出量来看，2012—2021 年波兰 FDI 流出额整体波动较大。2013 年波兰 FDI 流出量为 -4.51 亿美元，为近年来对外投资最少的一年。2014 年波兰对外投资额猛降，降速为 742.57%，2014—2016 年流出额呈增长态势，2016 年达到最大流出流量 116.00 亿美元，同比增长 132.19%，为近年来波兰对外投资最多的一年，且其增速为近年来最大。此后，2017—2021 年波兰对外投资出现较大缩减。2021 年，波兰对外直接投资流出流量约为 1.78 亿美元，降速为 86.25%，主要在于新冠疫情环境下投资具有较大不确定性、风险增大等因素使得 FDI 流出减少。见表 1-21。

表 1-21　　　　2012—2021 年波兰 FDI 流出流量情况

年份	2012	2013	2014	2015	2016	2017	2018	2019	2020	2021
流出流量（亿美元）	29.01	-4.51	28.98	49.96	116.00	21.69	8.91	18.54	12.95	1.78
增速（%）	—	-115.55	-742.57	72.39	132.19	-81.30	-58.92	108.08	-30.15	-86.25

注：表中"—"表示以 2012 年为基期时 2012 年的增长率忽略不计；"增速"以上年为基期计算得到。

数据来源：https://unctadstat.unctad.org/wds/TableViewer/tableView.aspx.

---

① http://fec.mofcom.gov.cn/article/gbdqzn/.

其次,从 FDI 流出存量来看,2012—2017 年波兰外资流出存量整体呈增长趋势,2017 年流出存量达到近年来最大值,为 291.90 亿美元,同比增长 4.72%,相比 2012 年流出存量为 261.02 亿美元,增加了 30.88 亿美元,增长了 11.83%,2018 年流出额急剧下降至 246.18 亿美元,降速达 15.66%。2018—2020 年,波兰 FDI 流出存量实现了两年的较快增长,增速分别为 9.43% 和 4.44%。2021 年受经济下行影响,流出存量出现了小幅下降,存量额降至 275.62 亿美元,降速为 2.04%。

表 1-22 2012—2021 年波兰 FDI 流出存量情况

年份	2012	2013	2014	2015	2016	2017	2018	2019	2020	2021
流出存量（亿美元）	261.02	277.25	277.57	274.92	278.74	291.90	246.18	269.39	281.36	275.62
增速（%）	—	6.22	0.12	-0.95	1.39	4.72	-15.66	9.43	4.44	-2.04

注：表中"—"表示以 2012 年为基期时 2012 年的增长率忽略不计；"增速"以上年为基期计算得到。

数据来源：https://unctadstat.unctad.org/wds/TableViewer/tableView.aspx.

（二）FDI 流向地

表 1-23、表 1-24、表 1-25 分别为 2012、2017 和 2021 年波兰 FDI 流出额前十名的流向地及其流出额占总体 FDI 流出的比重。可以看出,三个主要年份中卢森堡始终保持着波兰 FDI 流出额第一的地位,而捷克在 2017 和 2021 年由 2012 年的第 7 位跃居第 2 位,占比超出 10%。由于波兰与欧盟国家经济和地理位置都联系较为紧密,因此流出国大多是欧盟国家。

表 1-23 2012 年波兰 FDI 流向地 TOP10 及占比

排名	流向地国家	流出额占比（%）
1	卢森堡	21.78
2	塞浦路斯	10.23
3	英国	10.11
4	荷兰	7.41
5	瑞士	7.23
6	比利时	5.25
7	捷克	4.54

续表

排名	流向地国家	流出额占比（%）
8	德国	4.50
9	立陶宛	4.31
10	美国	3.52

注：根据国际货币基金组织数据整理计算得到。
数据来源：https：//data.imf.org.

表 1-24　2017 年波兰 FDI 流向地 TOP10 及占比

排名	流向地国家	流出额占比（%）
1	卢森堡	21.14
2	捷克	11.80
3	荷兰	8.08
4	瑞士	8.02
5	加拿大	6.29
6	塞浦路斯	6.26
7	匈牙利	5.60
8	德国	5.54
9	英国	3.72
10	立陶宛	3.63

注：根据国际货币基金组织数据整理计算得到。
数据来源：https：//data.imf.org.

表 1-25　2021 年波兰 FDI 流向地 TOP10 及占比

排名	流向地国家	流出额占比（%）
1	卢森堡	17.36
2	捷克	11.87
3	德国	6.79
4	塞浦路斯	5.78
5	荷兰	5.49
6	立陶宛	5.24
7	英国	5.23
8	匈牙利	4.08

续表

排名	流向地国家	流出额占比（%）
9	罗马尼亚	3.51
10	挪威	3.46

注：根据国际货币基金组织数据整理计算得到。

数据来源：https：//data.imf.org.

（三）FDI 流出行业分类

在波兰对外直接投资中，涉及行业主要有金融服务业、化工业、机械工业等，其中，波兰流向卢森堡的 FDI 最高，卢森堡拥有税收优惠和便利优势，且重视自由贸易和保护投资，其金融市场发达，因此金融业是其主要投资领域。

三、FDI 净流入情况

根据波兰 FDI 流出额和流入额得到净流入，由表 1-26 可知，2012—2021 年，波兰外资净流入流量呈大幅波动趋势。其中，2013 年净流入为 40.76 亿美元，较 2012 年 95.23 亿美元同比减少 57.20%，为近年来最低水平。2014 年出现了大幅提升，净流入达 113.71 亿美元，同比增长 178.97%，为近年来涨幅最大水平。2015—2016 年，外资净流入流量再次下跌，回到 2013 年净流入水平，2017—2018 年呈恢复性增长，而 2019 年又出现下跌，2020 年及 2021 年净流入以更高的速度实现增长，且 2021 年净流入额达 246.38 亿美元，为近年来最高净流入水平。

表 1-26　　　　2012—2021 年波兰 FDI 净流入情况

数额与增速	2012 年	2013 年	2014 年	2015 年	2016 年	2017 年	2018 年	2019 年	2020 年	2021 年
净流入额（亿美元）	95.23	40.76	113.71	102.75	40.90	70.03	151.05	116.56	125.36	246.38
增速（%）	—	-57.20	178.97	-9.64	-60.19	71.22	115.69	-22.83	7.55	96.54

注：表中"—"表示以 2012 年为基期时 2012 年的增长率忽略不计；"增速"以上年为基期计算得到。

数据来源：https：//unctadstat.unctad.org/wds/TableViewer/tableView.aspx.

第四节
波兰的产业概况

一、产业规模及结构

波兰的产业结构包括三大产业：农业、林业和渔业构成第一产业，其中，农业占主要部分。工业构成第二产业，第三产业为服务业。其中第二产业和第三产业可以细分为以下领域：第二产业主要有采矿业、加工业和建筑业、贸易、交通和通信、建筑贸易、县域经济、房地产等；第三产业主要有科学、教育、文化旅游、医疗和社会服务、行政管理、司法和国防等。

表1–27　　　2012—2021年波兰产业增加值及比重

年份	农业增加值（亿美元）	占GDP比重（%）	工业增加值（亿美元）	占GDP比重（%）	服务业增加值（亿美元）	占GDP比重（%）
2012	117.79	3.01	1 338.39	30.29	2 416.59	55.18
2013	128.25	3.25	1 304.66	28.73	2 470.27	56.61
2014	130.57	2.99	1 401.13	30.00	2 517.56	55.09
2015	119.42	2.50	1 484.54	31.12	2 628.39	55.56
2016	119.95	2.65	1 516.34	30.77	2 715.29	54.87
2017	121.76	3.01	1 534.05	28.86	2 913.01	55.91
2018	110.02	2.41	1 622.94	28.76	3 106.58	56.41
2019	107.60	2.37	1 678.62	28.64	3 263.82	56.88
2020	124.03	2.57	1 603.10	28.35	3 219.43	57.16
2021	110.31	2.22	1 656.91	27.86	3 506.04	56.90

数据来源："农业、工业、服务业增加值"，来自 https://ceidata.cei.cn；"占GDP比重"为笔者计算所得。

波兰是传统的农业大国，农业是波兰国民经济重要组成部分，根据波兰农业统计年鉴数据，农业产值占第一产业总产值、增加值的比重约为90%，农业就业人数占第一产业总就业人口的比重也高达90%以上。波兰农业基础好，是欧盟内主要的农产品供应国，奶类、猪肉制品、水果和蔬菜等在欧盟内具有很强的竞争力。2021年波兰农业增加值较2012年减少了7.48亿美元，下降6.35%。农业增加值占波兰GDP的比重总体呈下降的趋势，较2012年占GDP比重下降了0.79%。虽然波兰农业对国内经济发展的贡献下降，但总体上波兰农业保持稳定发展态势。

从第二次世界大战之后，波兰开始了工业国有化进程，第二产业即工业得到大规模发展。进入21世纪以后，波兰工业占比保持在30%左右。波兰作为连接欧洲大陆东西部地区的重要桥梁，其工业的发展很大程度上依赖于周边地区及欧盟其他国家对工业产品的需求。总体而言，波兰工业增加值呈逐年上升趋势，而比重则呈缓慢而稳定的下降趋势，但其经济效益和产品质量却有明显的提高，这是服务业快速发展以及工业结构从重工业向消费品工业转移的结果。

波兰最大的经济部门是第三产业，服务业是近年来波兰发展最为强劲的产业部门，为波兰55.8%的就业人口提供了工作岗位。截至2021年，波兰服务业增加值达到3 506.04亿美元，在经济结构中占GDP比重约为56.90%，接近发达国家GDP中服务贸易占比的水平，较2012年，增加了1 089.45亿美元，涨幅接近45.08%，波兰服务业增加值涨幅在三大产业中增幅最大。2021年服务业增加值年度增长率为8.90%，这意味着在新冠疫情及全球经济下跌趋势之后波兰经济开始逐渐恢复。

二、农业的内部产业结构和就业结构

波兰是欧洲的农业大国，许多产品在欧洲及世界上占有一定地位，例如波兰是欧洲第二大浆果（主要是草莓、树莓和醋栗）生产国，也是洋葱、卷心菜、花椰菜和苹果的主要生产国。农业是波兰最大的经济部门之一，且波兰拥有着欧盟第三大农作物种植面积。从产业结构细化的角度来看，农业为波兰第一产业的主体部分，畜牧产品在农业中占有较大市场份额，其中肉类，尤其是猪肉类产品和牛奶及衍生品的产量和出口在欧洲具有非常大的竞争优势。从下列数据可以看出，2012—2021年波兰农业增加值平均增速为－1.27%，整体呈下降趋势，其中2014年农业增加值为130.57亿美元，是近年来最高水平；2020年增速最高，同比增加15.27%；2021年波兰农业增加值下降幅度最大，同比减少11.06%。

表1-28　　　　　　2012—2021年波兰农业增加值及增速

年份	农业增加值（亿美元）	增速（%）
2012	117.79	—
2013	128.25	8.88
2014	130.57	1.80
2015	119.42	-8.53
2016	119.95	0.44
2017	121.76	1.51
2018	110.02	-9.64
2019	107.60	-2.20
2020	124.03	15.27
2021	110.31	-11.06

注：表中"—"表示以2012年为基期时2012年的增长率忽略不计。

数据来源：https：//ceidata.cei.cn.

（一）种植业

波兰种植业占农业生产的比重较大，达到52.8%。波兰是欧洲最大的谷物生产国之一，用于谷物生产的农用地在欧盟中排第二位，产量排第三位，仅次于法国和德国。波兰最重要的农作物为谷物，近年来谷物产量总体呈现出稳定的增长态势，总产量保持在3 000万吨。波兰主要的谷物有小麦、黑麦、大麦、燕麦、黑小麦等，其他的主要农作物有马铃薯、甜菜、油菜籽等。波兰主要农作物播种面积基本保持在750万公顷，占全国农业用地面积的39.94%。其中小麦播种面积最大，占主要农作物播种面积的32.45%，并呈稳步增长的态势，年均增长率为1.62%。总体而言，波兰主要农作物的播种面积、产量基本保持着稳定的发展态势。其中甜菜的产量增长最快，其制糖的原料全部来源于甜菜；波兰糖业有着悠久的历史，早在20世纪90年代初，波兰就采取了一系列改良措施用于甜菜品种改良、品质改善、成本降低等。

波兰蔬菜的种植面积为18万公顷，总产量保持在570万吨，主要种植的蔬菜有卷心菜、洋葱、胡萝卜、甜菜根、黄瓜、番茄等，占蔬菜总产量的80.33%。近年来，波兰主要蔬菜的栽培面积、总产量等基本保持稳定增长态势。其中，洋葱的栽培面积最大，卷心菜的产量最高。波兰蔬菜主产区主要集中在马佐夫舍、大波兰、罗兹、库亚维—波美拉尼亚等6个省，这6个省的蔬菜产量占全国蔬菜总产量的38.94%。波兰的水果种植面积为39万公顷，居欧洲第三位，仅次于意大利、西班牙、产量近500万吨。波兰主要的水果有苹果、梨、李子、樱桃、草莓、山莓、黑加仑、醋栗等，其中苹果的产量最高，远高于其他品类水果。波兰为欧盟第一大苹果生产国，苹果产量为400万吨，排世界第三位，占波兰水果总产量的80%，占欧盟水果总产量的24%，其中2/3用于出口，其他的水果还包括杏、桃子、核桃、苦莓、蓝莓、榛子、葡萄等，波兰水果主产区主要集中在中部的马佐夫舍，主产区水果产量占全国水果总产量的46%。

（二）畜牧业

畜牧业在波兰农业发展中一直占据着重要的地位。自2004年加入欧盟以来，波兰畜牧业呈较快的发展态势，畜产品出口推动了波兰肉类的生产，也是推动其畜牧业快速发展的动力源泉。2018年，波兰畜产品总产量为518.6万吨，其中，牛肉57.3万吨，猪肉197.3万吨，家禽肉（鸡、鸭、鹅）259.7万吨，分别占畜产品总产量的11.05%、38.04%和50.07%；牛奶产量137.58亿升，鸡蛋118.14亿枚。波兰牲畜养殖以牛、猪、羊等为主，其中养猪业占据着最重要的地位，2018年生猪存栏量达到了1 183万头，位居所有牲畜存栏数之首，占主要牲畜存栏量的64.61%；家禽养殖以鸡、鸭、鹅等为主，其中母鸡饲养规模最大，2018年饲养数量达到了18 076万只，高达家禽总量的89.8%。总体而言，波兰主要牲畜及家禽的数量均在一定区间范围内窄幅波动，畜牧业发展呈稳定增长的态势。

牛奶业是波兰的支柱产业，波兰是欧洲第五大乳制品出口国。波兰的季节变化明显，在大多数地区昼夜温差大，这种气候非常适合草类植物进行光合作用，适合草地植物中糖的存储和干物质的冷凝。同时，寒冷的气候使传染病的流行减至最低，生长在这里的奶牛产出的牛奶品质更加优良。波兰的乳制品符合欧盟标准，价格却比欧盟其他国家更具有吸引力。近年来，波兰牛奶产量呈现出直线增长的趋势，年均增长率为1.82%，未来还有进一步增长的可能，牛奶业发展前景较好。

（三）渔业

波兰渔业主要包括波罗的海海捕捞、海水养殖和淡水养殖 3 个部分。2018 年波兰渔业产量共 25.55 万吨，其中海鱼捕获量 20.68 万吨，占渔业总产量的 80.94%；淡水鱼产量 4.87 万吨，占渔业总产量 19.06%。总的来说，波兰渔业主要是以海鱼捕捞为主，总产量保持稳定增长态势。波兰海鱼捕捞以鳕鱼、鲜鱼、黍鲱 3 种鱼类为主。2018 年，波兰鳕鱼捕捞量为 2.42 万吨，占 11.7%；鲜鱼为 5.29 万吨，占 25.58%；黍鲱为 7.6 万吨，占 36.75%；其他海鱼为 5.37 万吨，占 25.97%。鳕鱼、鲜鱼、黍鲱 3 种鱼类高达海鱼的 74.03%，其中黍鲱在波兰海鱼捕获量中占有重要的位置。波兰淡水水域面积约为 60 万公顷，其中 48 万公顷为渔业水域。波兰淡水渔业有着良好的发展前景，鱼类达 30 余种，主产比目鱼、鲤鱼、鞋鱼。

（四）农业就业结构

此外，从农业就业人数来看，波兰 2012—2021 年农业就业人数总体呈不断减少的趋势，除 2015 年及 2020 年出现正增长外其余年份人数均减少，且农业就业人数占总就业人数比重也趋于下降。农业就业率的不断下降意味着波兰将小农场合并为大型企业、农业机械化以及农民后代逃离到城市的现象已经成为常态，农业就业率不断下降而服务业就业率不断提升。[①] 2021 年波兰从事农业人数总量为 139.05 万人，同比减少 11.32%，为近年来降速最快的年份，相较于 2012 年农业就业人数的 196.03 万人，减少了 56.98 万人，降幅达 29.07%，2012—2021 年波兰总体农业就业人数平均增速 -3.64%。2021 年农业就业人数占总就业人数比重为 8.35%，相较于 2012 年占比为 12.58%，降低了 4.23%。

表 1-29　　　　　农业就业人数及占总就业人数比重

年份	农业就业人数（万人）	增速（%）	占总就业人数比重（%）
2012	196.03	—	12.58
2013	186.70	-4.76	12
2014	181.95	-2.55	11.49

---

① https://max.book118.com/html/2021/1020/6222032210004030.shtm.

续表

年份	农业就业人数（万人）	增速（%）	占总就业人数比重（%）
2015	184.94	1.64	11.53
2016	170.77	-7.66	10.58
2017	167.22	-2.08	10.22
2018	157.77	-5.65	9.62
2019	149.85	-5.02	9.15
2020	156.80	4.64	8.92
2021	139.05	-11.32	8.35

注：表中"—"表示以2012年为基期时2012年的增长率忽略不计。
数据来源："增速"以上年为基期计算得到，"就业人数"https://ceidata.cei.cn。

三、工业的内部结构

波兰第二产业的发展在很大程度上依赖于欧盟其他国家对工业产品的需求，总体而言，波兰第二产业增加值呈逐年上升趋势，最发达的是贸易和制造业，尤其是汽车、食品、冶金，机械行业，包括精密仪器、电子仪器、运输工具、纺织和服装业，约30%的波兰人在这些行业就职。

从工业增加值的数据来看，2021年波兰工业增加值为1 656.91亿美元，在经济结构中占比约为27.86%，工业增加值年度增长率达3.36%。较2012年，波兰工业增加值增加了318.52亿美元，涨幅约为23.80%，波兰工业增加值总体呈正向增长，平均增速2.28%。见表1-30。

表1-30　　2012—2021年波兰工业增加值及增速

年份	工业增加值（亿美元，2010年不变价）	增速（%）
2012	1 338.39	—
2013	1 304.66	-2.52
2014	1 401.13	7.39
2015	1 484.54	5.95
2016	1 516.34	2.14
2017	1 534.05	1.17
2018	1 622.94	5.79
2019	1 678.62	3.43

续表

年份	工业增加值（亿美元，2010年不变价）	增速（%）
2020	1 603.10	-4.50
2021	1 656.91	3.36

注：表中"—"表示以2012年为基期时2012年的增长率忽略不计。

数据来源：https://ceidata.cei.cn.

从工业就业人数来看，2012—2021年其数量有所增加但整体波动幅度不大，除2020年及2021年出现负增长外，其余年份均呈现出不同程度的增长。其中，2016年工业就业率增速最快，达3.63%，2013年增速最低，为0.25%。波兰工业就业人数占总就业人数比重一直稳定在30%的水平。见表1-31。

表1-31　　　　　工业就业人数情况一览表

年份	工业就业人数（万人）	增速（%）	占总就业人数比重（%）
2012	473.99	—	30.40
2013	475.20	0.25	30.52
2014	483.61	1.77	30.49
2015	489.63	1.24	30.44
2016	507.42	3.63	31.33
2017	518.04	2.09	31.54
2018	521.89	0.74	31.66
2019	526.03	0.79	31.96
2020	517.93	-1.54	31.50
2021	512.14	-1.12	30.75

注：表中"—"表示以2012年为基期时2012年的增长率忽略不计；"增速"以上年为基期计算得到。

数据来源：https://ceidata.cei.cn.

在波兰工业增加值结构中，制造业增加值所占份额较大，平均占比80%以上，其中国有企业占总增加值的19.8%，私营企业占80.2%（包括外资16.6%），并保持长期稳定的发展态势。制造业中的食品业，金属制品业，汽车制造业，电力、煤气、蒸汽供应，橡胶塑料业和家具制造业都具有较高的增加值。

(一) 以制造业为主的工业结构

制造业在波兰的工业结构中占比最大,其领先的制造业包括:食品和饮料,汽车、金属制品,橡胶和塑料,焦炭和精炼石油产品,化工及化工产品,电子设备,非金属矿物产品,家具,等等。表1-32显示了2012—2021年波兰工业及制造业增加值年度统计情况,可以看出,制造业增加值对波兰工业贡献最大,制造业增加值占工业增加值的比重在60%左右,并保持长期稳定的发展态势,且制造业增加值占GDP比重在17%水平上下浮动。其中,2021年波兰制造业增加值976.77亿美元,同比增长1.91%,占整体工业增加值比重约60%,相较于2012年增加值为739.01亿美元增长了237.76亿美元,增幅为32.17%。除2013年及2020年受经济形势及疫情影响出现负增长外,其余各年份均保持正向增长,最高增速达11.63%,最低增速为1.87%,2012—2021年整体制造业增加值平均增速为3.29%。

表1-32 2012—2021年波兰制造业增加值一览表

年份	增加值(亿美元)	增速(%)	占GDP比重(%)	占工业增加值比重(%)
2012	739.01	—	16.74	55.26
2013	713.25	-3.49	15.75	54.80
2014	796.22	11.63	17.11	57.04
2015	852.55	7.08	17.87	57.43
2016	897.45	5.27	18.48	60.08
2017	914.26	1.87	17.09	59.22
2018	967.25	5.8	16.75	58.26
2019	1 027.33	6.21	16.92	59.10
2020	958.44	-6.71	16.47	58.11
2021	976.77	1.91	16.72	60.01

注:表中"—"表示以2012年为基期时2012年的增长率忽略不计;"增速"以上年为基期计算得到。

数据来源:https://ceidata.cei.cn。

在波兰工业结构中,制造业中的食品产业、汽车产业都具有较高的增加值,属于主要出口行业。首先,波兰是欧洲最大的食品生产和出口国之一，食品行业一直在波兰制造业经济中处于较高地位，是波兰经济中最重要和发展最快的分支之一，成为波兰新兴的支柱产业之一，波兰食品公司可以算是中东欧食品行业的领导者。自波兰2004年加入欧盟以来，食品出口一直是该行业的主要推动力量之一，波兰为欧盟超过5亿消费者提供食物，食品生产行业在欧洲市场一直享有非常高的声誉。截至2012年底，波兰食物出口总额与加入欧盟时相比增长了4倍多，食物出口额在波兰商品出口总额中的占比从8%扩大到12.5%，食品行业成为波兰唯一实现连续增长的行业，是波兰国家现代化的标志。2021年波兰制造业产值中食品制造业贡献最大，产值为2 928.77亿兹罗提，占比达整体制造业产值16.8%，约占工业总产值的14.5%。自2004年加入欧盟来，农业及食品出口额增长了6倍以上，尽管受新冠疫情相关影响下的经济环境不容乐观，波兰食品业出口仍保持增长，据波兰国家农业支持中心最新数据，2021年波兰农业及食品出口额达到前所未有的374亿欧元的水平，相比2020年高出9%。

其次是汽车产业，波兰的汽车产业在经济中也极具优势，其产值约占波兰工业生产的11%。一直以来，汽车产业就是波兰经济的核心产业，是德国、法国、意大利等欧洲著名汽车公司的主要国外制造业基地，是全球各主要汽车厂商零配件生产和整车装配的集中地，因而波兰早已形成高度整合的产业供应链。自加入欧盟以来，波兰政府通过大规模引进外资，私有化和全面结构调整迅速发展，汽车工业的产量、相关产品和技术的研发以及零部件和汽车产品的出口规模在全国都有了很大的提高，波兰在短时间内成为欧洲最重要的汽车制造中心之一。波兰汽车行业在2012年出现初步下滑之后，近10年来增长相对平稳，2021年汽车、挂车及半挂车制造业产值为1 684.44亿兹罗提，约占工业总产值的8.3%。

（二）按类别划分工业结构

波兰工业按照类别主要有矿业、钢铁工业、化学工业、汽车工业、电子工业、木材工业等产业，主要工业产品有煤炭、原钢、小轿车、水泥等。根据波兰中央统计局《2022年统计年鉴》数据，2021年波兰采矿及采石业产值为609.68亿兹罗提，较上年增长3.3%，占工业总产值的3.0%；化学制品、化工产值925.17亿兹罗提，同比增长4.4%，约占整体工业产值的4.6%；2021年波兰汽车业产值（汽车、拖车和半挂车制造）1 684.44 亿兹罗提，同比增长 9.0%，约占整体工业产值的 8.3%；波兰木材业附加值较高，家具及木地板生产和贸易在国际上占有一席之地，波兰是世界上第二大家具生产国和欧盟国家中第一大生产国，2021 年波兰木材业总产值 646.98 亿兹罗提，同比增长 3.2%，约占整体工业产值的 2.8%，家具制造业总产值 620.29 亿兹罗提，同比增长 3.2%，约占整体工业产值的 3.1%。

四、服务业的内部结构

波兰服务业是近年来发展最为强劲的产业部门。服务业附加值占 GDP 比重在 55% 左右浮动，接近经合组织的产业结构标准。在细分产业中贸易、机动车辆修理、运输和仓储是服务业中增加值最高的前三个行业。另外，除了传统的服务业，旅游业也是波兰经济的一个重要分支，但其贡献却被低估。2012—2021 年波兰服务业增加值总体呈现稳定增长趋势，除 2020 年外其余年份均保持正向增长，平均增速 4.08%。其中，2021 年波兰服务业增加值增速为近年来最高，同比增长 8.90%。

表 1-33　　2012—2021 年波兰服务业增加值及增速

年份	服务业增加值（亿美元，2010 年不变价）	增速（%）
2012	2 416.59	—
2013	2 470.27	2.22
2014	2 517.56	1.91
2015	2 628.39	4.40
2016	2 715.29	3.31
2017	2 913.01	7.28
2018	3 106.58	6.64
2019	3 263.82	5.06
2020	3 219.43	-1.36
2021	3 506.04	8.90

注：表中"—"表示以 2012 年为基期时 2012 年的增长率忽略不计。"增速"以上一年为基期计算得到。

数据来源：https://ceidata.cei.cn。

由表 1-34 可以看出，波兰服务业就业人数总体呈现不断上升的趋势。2021 年服务业就业人数占总就业人数比重达 60.90%，相较于 2012

年比重上升3.89%。从波兰服务业就业占比来看，1995年，波兰46%的劳动力被服务业雇用，共670万人。2012年后人数达到800万人，2019年达到950万人。在2000年，服务业占就业的比重超过了50%，此后持续增长。2021年服务人数达1 014.43万人，相比2012年，就业人数增加了125.39万人，增速为14.1%，但是服务业就业人数在整个波兰就业人数中所占的比重变化不大，一直保持在60%左右。服务业在就业中重要性的提高，是一个国民收入达到一定水平、经济现代化达到一定程度、企业与消费者关系稳定的国家的体现。

表1-34 2012—2021年服务业就业人数及占比情况

年份	服务业就业人数（万人）	增长率（%）	占就业人数比重（%）
2012	889.04	—	57.01
2013	894.91	0.66	57.46
2014	920.60	2.87	57.97
2015	933.76	1.43	57.93
2016	941.43	0.82	57.97
2017	956.97	1.65	58.11
2018	968.75	1.23	58.57
2019	970.17	0.15	58.71
2020	969.41	-0.08	59.10
2021	1 014.43	4.64	60.90

注：表中"—"表示以2012年为基期时2012年的增长率忽略不计；"增速"以上年为基期计算得到。

数据来源：https://ceidata.cei.cn.

在服务业细分产业中，贸易、机动车辆修理、运输和仓储是波兰服务业增加值中最高的三个行业。近年来波兰服务贸易出口实现了对外贸易顺差，2021年，波兰服务贸易出口总额805.68亿美元，同比增加21.86%，服务贸易进口总额492.05亿美元，同比增长22.99%。在"一带一路"沿线国家中，服务贸易总额仅次于新加坡与印度。从波兰服务贸易类别看，波兰高达80%的服务贸易出口由四个部门产生，主要有其他商业服务（包括法律、会计、咨询、社会调查、广告等），交通运输服务（包括海运、空运、铁路、公路、内河、管道、电力传输及相关服务业），电信和

IT，以及旅游部门。以运输服务为例，2021 年，波兰运输服务出口238.39 亿美元，同比增长 28.05%；运输服务进口 130.46 亿美元，同比增长 49.58%。

波兰的运输及仓储业在服务业中占据着重要地位，受益于电子商务渠道逐渐发展的大趋势，整个欧洲的仓库和生产市场都快速发展起来，疫情的出现进一步加强了这一趋势，从而增加了对物流空间的需求。波兰大城市的现代大型仓库平均租金相对平衡，小型仓库的平均租金也是欧洲最低的，低的租金，诱人的土地价格以及有竞争力的劳动成本和质量好的道路基础设施多年以来吸引着投资者。许多承租人和投资者选择波兰作为他们的配送中心。除此之外，波兰市场的飞速发展潜力以及比较低的运营成本吸引新企业家打入波兰市场，并鼓励现有的投资者进一步扩大市场，由此波兰成为欧洲最有吸引力的仓储市场，运输和仓储业水平得到提升。

旅游业是波兰新兴产业之一，旅游业在波兰国民经济中发挥着较为重要的作用，不仅有助于提升国内经济水平，而且对波兰国际收支平衡的正面作用显著。2012—2019 年波兰旅游业收入稳定发展，2019 年旅游业收入达 157.12 亿美元，由于受新冠疫情及全球经济下行的影响，2020 年波兰旅游业出现急剧下滑，旅游业收入出现近 10 年新低，仅为 83.79 亿美元，同比降幅 46.9%。随着世界各国疫情防控工作的有效开展，全球各国产业正在逐步复苏，2021 年波兰全年过境次数 1.944 16 亿次，其中外国人入境 0.645 74 亿次，较 2020 年有所增加。1990 年以来波兰一直是旅游胜地，加入欧盟后，游客人数激增。2017 年，波兰被视为世界第 16 大最受欢迎的旅游目的地。2019 年，波兰的游客达到 2 115.8 万人。每年的增长幅度在 6%—7%，旅游业在波兰 GDP 中所占比例一直保持稳定。见表 1-35。

表 1-35　　2012—2020 年波兰旅游业收入和游客量

收入与游客数量	2012 年	2013 年	2014 年	2015 年	2016 年	2017 年	2018 年	2019 年	2020 年
收入（百万美元）	11 704	12 242	12 691	11 164	11 922	13 925	15 596	15 712	8 379
游客数量（万人）	1 484	1 580	1 600.3	1 672.82	1 747.1	1 825.7	1 962.2	2 115.8	841.8

数据来源：https://www.ceicdata.com/zh-hans/indicator/poland/tourism-revenue.

波兰旅游服务业进出口额在服务业总进出口额的比重近年来不断下降，其中，2020年受新冠疫情影响，全球经济形势不容乐观，旅游业受到极大冲击，波兰旅游服务业进出口额占服务业总进出口额的比重在2020年下降幅度最大，进出口占比下降幅度分别为38.26%、37.74%。2021年波兰服务贸易额中旅游服务进口额占比11.65%，相较于2012年（占比为26.75%）下降15.10个百分点。2021年波兰服务贸易额中旅游服务出口额占比11.29%，相较于2012年出口占比为26.99%，下降15.70个百分点，这表明受疫情冲击波兰旅游业还未完全恢复。见表1-36。

表1-36　　2012—2021年波兰旅游服务业进出口额占服务业总进出口额的比重

项目	2012年	2013年	2014年	2015年	2016年	2017年	2018年	2019年	2020年	2021年
进口占比（%）	26.75	26.04	24.27	24.06	23.52	23.5	22.34	21.33	13.17	11.65
增速（%）	—	-2.65	-6.80	-0.87	-2.24	-0.09	-4.94	-4.52	-38.26	-11.54
出口占比（%）	26.99	25.57	24.41	23.33	22.27	22.07	20.54	19.95	12.42	11.29
增速（%）	—	-5.26	-4.54	-4.42	-4.54	-0.90	-6.93	-2.87	-37.74	-9.10

注：表中"—"表示以2012年为基期时2012年的增长率忽略不计；"增速"以上年为基期计算得到。

数据来源：https://ceidata.cei.cn。

五、产业的比较优势

首先，波兰资源禀赋较高，拥有丰富的矿产资源，煤、硫磺、铜、银的产量和出口量居世界前列，还有锌、铅、天然气、盐、琥珀等。2021年波兰采矿及采石业产值609.68亿兹罗提，占工业总产值约3.0%。波兰是中东欧铜资源最丰富的国家，矿产品辐射整个中东欧及西欧部分国家市场。未来15年中东欧铜需求量呈上升趋势，波兰作为中东欧第一资源大国，铜矿石及冶炼产品产量将逐年增加。波兰煤炭资源丰富，已探明硬煤储量509亿吨、褐煤储量141亿吨，煤储量居世界第5位。波兰煤炭资源开发产业在经济、人民生活和社会发展中占有重要地位。波兰丰富的硬煤储量还是欧盟能源安全的重要保障，受全球煤炭价格制约，波兰煤炭产业处于低迷期，但在国家产业结构中占有举足轻重的作用，短时间内煤炭在波兰的产业结构仍占重要地位，煤炭价格一旦上涨，波兰煤炭产业必将快速发展。波兰拥有世界级的铜矿产地。波兰硫磺储量超过1亿吨,居欧洲之首。铅和锌储量为350万吨,居世界第1位。铜(按纯金属计算)储量约为1 500万吨,居欧洲之首(约占世界储量的10%)。波兰琥珀储量很大,价值近千亿美元,是世界琥珀生产大国,有几百年开采琥珀的历史。

其次,波兰在中东欧乃至欧盟地区具备劳动力成本优势。波兰的劳动力素质虽然与欧盟平均水平相当,但劳动力成本相对较低。波兰的劳动力成本仅为德国、法国和其他西欧国家的1/4左右,它在欧盟具有强大的竞争力,有性价比最高的劳动力资源,波兰灵活的劳动力市场和便利的就业程序已成为波兰国际竞争力的重要来源之一。波兰在人力资源领域具有一定优势,比如超过九成的波兰公民受过中等教育等。国际经合组织近年的最新研究报告指出,波兰的教育水平排名欧洲第5位,世界第11位,国际学生评估项目(PISA)亦排名前列。

波兰的资源密集型产业和劳动密集型产业极具国际竞争力,尤其饮料和烟草是波兰货物贸易中最具比较优势的产业。食品、制成品和机械及运输设备产业在长期出口中持续保持较强的比较优势。制成品出口是波兰长期货物贸易出口的强势部门,食品业和化学制品是具有较强相对出口优势的主要出口产业。波兰的食品加工业和交通运输设备业最具比较优势,其中食品及食品加工制造业具有非常大的出口优势,并且波兰的食品制造具有很高的质量保证。电器机械及器材、服装、家具、化学原料及化学制品、塑料、金属制品、电子及通信设备具有较强比较优势,也是波兰制造业的主要出口产品。

第二篇

浙江省与波兰的贸易合作

第二章
浙江省与波兰的贸易现状

第一节
浙江省与波兰的贸易规模

自2013年习近平总书记提出共建"一带一路"倡议以来,浙江省作为全国"一带一路"建设的排头兵,[①] 推出一系列措施和活动,与中东欧国家的经贸合作日渐繁荣。据统计,浙江省出口至中东欧国家对GDP增长贡献程度大于1%,约为1.25%。波兰是中东欧十六国中面积最大、人口最多、国内生产总值最高的国家,是"一带一路"通往中东欧乃至欧洲的门户。[②]

---

① https://drc.hebsti.cn/DRCNet.Mirror.Documents.Web/DocSummary.aspx? docid = 6158910&leafid = 12。

② 何炳华. 一带一路背景下宁波港口物流波兰腹地拓展策略研究 [J]. 浙江工商职业技术学院学报,2019,18 (03): 1 - 6.

一、浙江省与波兰的总贸易规模

从整体上来看,在中东欧国家中浙江省与波兰的贸易往来较为密切。随着浙江省与波兰双边贸易合作不断推进,贸易合作深度与广度在不断提高,浙江省与波兰的贸易规模总体上呈现良好的态势,如表2-1所示。

表2-1　2012—2021年浙江省与波兰进出口贸易状况

年份	进出口贸易额(亿美元)	增速(%)
2012	23.713	—
2013	26.649	12.38
2014	32.175	20.74
2015	29.806	-7.36
2016	32.083	7.64
2017	36.945	15.16
2018	44.218	19.68
2019	47.667	7.80
2020	50.955	6.90
2021	54.441	6.84

注:表中"—"表示2012年作为基期增速不计;"增速"通过浙江与波兰进出口额计算所得。

数据来源:国研网"国际贸易研究及决策支持系统"。

双边贸易额的增长得益于中国与波兰双方的贸易机制得到不断的完善。2012—2017年中国与波兰签署了一系列双边协定,包括2012年签署的《关于加强基础设施领域合作协定》,其合作内容包括交换信息、举办展会、贸易交易会和组织团组等。在可持续基础设施领域的合作重点是促进创新和环境友好型技术、产业竞争力和科学合作,并在双方有关单位、附属机构及其他组织机构之间建立直接联系。2013年签署的《中波基础设施指导委员会规则》、2015年签署的《关于共同推进丝绸之路经济带和21世纪海上丝绸之路建设的谅解备忘录》、2016年签署的《关于波兰苹果输华植物检疫要求的议定书》等一系列经贸合作文件以及2017年签署的《中华人民共和国政府和波兰共和国政府旅游领域合作协议》都表现了中国与波兰之间的合作在不断加深。同时,2015年中国与波兰政府间还建立了合作委员会,商定每两年举办一次会议,对双方在合作过程中的热点问题进行沟通和协调，防止出现不可调和的问题，从而推动中波贸易快速稳定发展。

浙江省较好地处理了对外贸易发展的动力、能力和市场需求之间的关系，发挥地缘优势、体制优势、产业优势和环境优势，大力实施"走出去、请进来"战略，使得对外贸易取得了长足的发展。2012—2021年浙江省进出口总额增长近1倍多，从2012年的19 720亿元增长至2021年的41 418亿元，呈稳步上升的趋势，如表2-2所示。其中，2012—2016年增长幅度较慢，2016年之后增长幅度呈现较大变化，2017年、2018年以及2021年增速较快。2021年是中国共产党建党百年，也是"十四五"开局之年，浙江省持续扩大高水平对外开放，推进外贸高质量发展，积极有效应对新冠疫情带来的冲击，全年进出口额创历史新高，增速达到22.4%。尽管贸易额增长，但浙江省与波兰的进出口贸易并没有得到较大幅度增加，仅稳步增长。浙江省与波兰的进出口贸易额占浙江省进出口总额的比重在2012—2013年维持在0.7%—0.8%，在2014年以后，比重不断增加，但增长幅度较小，仅维持在1%左右。2021年，虽然浙江省进出口总额的增长幅度显著，但是波兰的占比却呈现下降。从另一个角度看，2013年波兰占中东欧进出口贸易额的37.5%，2021年波兰占中东欧进出口贸易额26.95%，随着年份的不断增加，波兰占中东欧进出口贸易总额的比重明显下降，浙江省仍旧保持与波兰的良好合作，贸易额不断增加，同时从侧面反映浙江省不断打开国际市场，充分发挥自身优势，与其他贸易伙伴，包括中东欧的其他国家开展贸易活动，形成良好的贸易关系，为我国的国际地位以及国际知名度打下坚实的基础。

表2-2　　　　　　2012—2021年浙江省进出口总值

年份	浙江省进出口总额（亿元）	增速（%）	浙江省与波兰进出口额/浙江省进出口总额（%）
2012	19 720.424	—	0.759
2013	20 796.066	5.45	0.794
2014	21 809.946	4.88	0.906
2015	21 562.165	-1.14	0.861
2016	22 202.081	2.97	0.960
2017	25 605.315	15.33	0.974

续表

年份	浙江省进出口总额（亿元）	增速（%）	浙江省与波兰进出口额/浙江省进出口总额（%）
2018	28 511.560	11.35	1.026
2019	30 838.147	8.16	1.066
2020	33 838.277	9.73	1.039
2021	41 418.726	22.40	0.848

注：表中"—"表示 2012 年作为基期增速不计；"增速"通过浙江省进出口额计算所得。
数据来源：2013—2022 年《浙江统计年鉴》。

二、浙江省对波兰的出口规模

在浙江省对波兰的出口中，2012—2021 年的出口额从 22.04 亿美元增加至 51.43 亿美元，增加 29.39 亿美元，整体呈递增趋势，其中 2012—2014 年，出口额呈递增趋势，从 22.043 亿美元增加至 29.951 亿美元，增加了 7.908 亿美元，在 2015 年有小幅度减少，从 29.951 亿美元降低至 28.631 亿美元，增长速度降低 4.41%。在 2016—2021 年，浙江省对波兰出口额仍呈递增趋势，从 30.859 亿美元增加至 51.434 亿美元，增加了 20.575 亿美元，与 2012 年相比较，出口额增加一倍，并且在 2016—2018 年增幅明显，增幅最快的年份为 2018 年，达到 20.53%，2019—2021 年出口额虽然增幅没有 2016—2018 年大，但是总体呈现递增趋势，且在 2020 年新冠疫情影响下，出口额依旧增加，见表 2-3。

表 2-3　2012—2021 年浙江省对波兰的出口情况一览表

年份	浙江省对波兰出口额（亿美元）	增速（%）
2012	22.043	—
2013	25.012	13.47
2014	29.951	19.75
2015	28.631	-4.41
2016	30.859	7.78
2017	35.399	14.71
2018	42.665	20.53
2019	45.030	5.54

续表

年份	浙江省对波兰出口额（亿美元）	增速（%）
2020	49.024	8.87
2021	51.434	4.92

注：表中"—"表示 2012 年作为基期增速不计；"增速"通过浙江与波兰出口贸易额计算所得。

数据来源：国研网"国际贸易研究及决策支持系统"。

出口对浙江省经济增长、就业和社会稳定至关重要。浙江省出口总额在 2012—2021 年实现近一倍的增长，从 2012 年的 14 172 亿元增长至 2021 年的 30 119 亿元，其出口额在 2015—2016 年受到影响，增长幅度较小，其他年份均呈稳定增长态势，增速保持在 9% 左右，在 2017 年实现两位数增速，达到 10.04%，在 2021 年增长速度最快，达到 19.66%。通过比照浙江省进出口数据可以发现，由于浙江省的地理位置优势以及经济发展水平较高，浙江省出口占据较大比重，约占进出口总额的 2/3。浙江省的出口市场布局在不断优化，对多个国家和地区的出口都有着显著增长。通过观察浙江省与波兰出口额占浙江省出口总额的比重可以看出，浙江省不断努力想要增加出口波兰的商品贸易额，但通过汇总近十年数据可以发现，浙江省出口波兰的规模较为稳定，占比保持在 1%—1.3%。

表 2-4　　　　　2012—2021 年浙江省出口贸易状况

年份	浙江省出口总额（亿元）	增速（%）	浙江省对波兰出口额/浙江省出口总额（%）
2012	14 172.733	—	0.982
2013	15 405.352	8.70	1.006
2014	16 790.052	8.99	1.096
2015	17 170.175	2.26	1.039
2016	17 666.480	2.89	1.160
2017	19 439.763	10.04	1.229
2018	21 174.503	8.92	1.333
2019	23 076.323	8.98	1.346
2020	25 170.562	9.08	1.343
2021	30 119.941	19.66	1.102

注：表中"—"表示 2012 年作为基期增速不计；"增速"通过浙江省出口额计算所得。

数据来源：2013—2022 年《浙江统计年鉴》。

三、浙江省从波兰进口规模

在 2009 年受金融危机影响,波兰货物贸易出口总额急跌至 1 359.54 亿美元,同比减少 19.92%。2010—2011 年呈恢复性增长,其中 2011 年货物贸易出口总额为 1 875.3 亿美元,超过经济下跌前水平,同比增长 17.3%。[①]

在 2012—2014 年,浙江省从波兰进口额从 1.67 亿美元增长至 2.224 亿美元,2021 年,浙江省从波兰进口额达到 3.01 亿美元,增加了 1.34 亿美元。2012—2013 年,浙江省从波兰进口有小幅降低,增速降低 1.97%。2014 年,浙江省从波兰进口额实现较大增长,达到 2.224 亿美元,相比于 2013 年,增长速度达到 35.83%,考虑到 2013 年首次提出"一带一路"倡议,该倡议对"一带一路"沿线国家贸易以及投资影响较大。在 2015 年,进口额有较大幅度减少,降低为 1.175 亿美元,随后在 2016—2019 年,进口额逐渐增加,呈稳步上升的趋势,在 2019 年进口额增速明显,达到 69.81%,进口额达到 2.637 亿美元。2020 年,浙江省从波兰进口额下降是显著的,归因于 2019 年的大幅度提高。在 2021 年实现较大增幅,进口额增加近 1 亿美元,增幅达到 55.7%。可以发现,浙江省从波兰进口额在 1 亿—3 亿美元,占浙江省进口总额的比例较小,因而浙江省从波兰进口额增加或者减少使得增加幅度或降低幅度更为明显,见表 2-5。

表 2-5　　2012—2021 年浙江省从波兰的进口贸易情况

年份	浙江省从波兰进口额(亿美元)	增速(%)
2012	1.670	—
2013	1.637	-1.97
2014	2.224	35.83
2015	1.175	-47.17
2016	1.224	4.20
2017	1.546	26.33
2018	1.553	0.43

[①] https://countryreport.mofcom.gov.cn/record/view.asp?news_id=30798.

续表

年份	浙江省从波兰进口额（亿美元）	增速（％）
2019	2.637	69.81
2020	1.931	-26.77
2021	3.007	55.70

注：表中"—"表示2012年作为基期增速不计。
数据来源：国研网"国际贸易研究及决策支持系统"。

通过观察浙江省进口额数据可以发现，在2012—2021年，浙江省进口额与出口额均增长一倍，体现了浙江省在经济发展中展现的蓬勃生机。浙江省进口总额在2012—2016年呈现下降趋势，在2016年之后不断增长，2017年增速达到最高，2021年次之。但通过比较浙江省与波兰进口额可以发现，浙江省从波兰进口额仅占浙江省进口总额的0.2％，说明波兰的商品虽极具特色，但对于浙江省依旧具有较大的贸易潜力。

表2-6　　　　2012—2021年浙江省进口贸易状况

年份	浙江省进口总额（亿元）	增速（％）	浙江省从波兰进口额/浙江省进口总额（％）
2012	5 547.691	—	0.190
2013	5 390.714	-2.83	0.188
2014	5 019.894	-6.88	0.272
2015	4 391.990	-12.51	0.167
2016	4 535.600	3.27	0.179
2017	6 165.552	35.94	0.169
2018	7 337.057	19.00	0.140
2019	7 761.825	5.79	0.234
2020	8 667.716	11.67	0.154
2021	11 298.785	30.35	0.172

注：表中"—"表示2012年作为基期增速不计。
数据来源：2013—2022年《浙江统计年鉴》。

四、浙江省与波兰的贸易差额

贸易差额是指一定时期内一国出口总额与进口总额之间的差额，用来表明一国对外贸易的收支状况。① 在本书中,我们探讨的是浙江省与波兰的贸易差额,因而选取浙江省出口波兰商品总额与浙江省进口波兰商品总额的数据,将其进行做差,计算所得的差额界定为浙江省与波兰的贸易差额。

通过表2-7可以发现,浙江省向波兰的出口额远大于浙江省从波兰进口额,在2012—2021年,浙江省对波兰的出口从22.04亿美元增加至51.43亿美元,总额增加了29.39亿美元。进口虽呈现递增趋势但远低于出口,不仅体现在贸易总额,也体现在贸易增速上。同时两者的贸易差额不断扩大,在2012年,浙江省对波兰的贸易顺差为20.373亿美元,在2021年,贸易顺差额达到48.428亿美元,在这10年中,贸易顺差增长一倍,主要原因是浙江省发展迅速,并且开始注重创新性以及产品质量,所售卖的商品逐渐趋于多样化,吸引海外消费者和企业,导致出口波兰的商品贸易额增长迅速,与之相比,浙江省从波兰的进口额增长幅度较小。在2015年浙江省对波兰贸易顺差有略微下降,考虑到2015年的浙江省出口贸易额下降,浙江省出口波兰商品减少的贸易额远大于浙江省从波兰进口商品贸易额的下降导致贸易差额有所下降。

表2-7 浙江省与波兰贸易差额 单位:亿美元

年份	浙江省对波兰出口贸易额	浙江省从波兰进口贸易额	贸易差额
2012	22.043	1.670	20.373
2013	25.012	1.637	23.375
2014	29.951	2.224	27.728
2015	28.631	1.175	27.456
2016	30.859	1.224	29.635
2017	35.399	1.546	33.853
2018	42.665	1.553	41.112
2019	45.030	2.637	42.393
2020	49.024	1.931	47.093
2021	51.434	3.007	48.428

注:表中贸易差额由出口贸易额与进口贸易额做差计算所得。
数据来源:国研网"国际贸易研究及决策支持系统"。

---

① https://baike.baidu.com/item/%E8%B4%B8%E6%98%93%E5%B7%AE%E9%A2%9D/865384?fr=aladdin.

第二节
浙江省与波兰的贸易结构

贸易结构有广义和狭义之分。广义包括对外贸易商品结构、对外贸易方式结构、对外贸易模式结构、对外贸易地理结构。在本书中主要为狭义的贸易结构即对外贸易商品结构。一个国家对外贸易商品结构主要是由该国的经济发展水平、产业结构状况、自然资源状况和贸易政策决定的。贸易结构可以了解一个国家在某一时期的比较优势,通过分析贸易结构,探究国家与国家间在贸易结构方面的特征,寻找促进贸易结构优化的途径,更好地培育跨国公司独立参与国际竞争的能力,规避国际市场大型冲击,提高产业资源优化的整合与转型升级。①

根据不同的划分标准可以对进出口商品进行分类。在本书中,根据《商品名称及编码协调制度的国际公约》(International Convention for Harmonnized Commodity Description and Coding System)进行分类,② 将进出口商品分为二十二个大类进行分析,这二十二个大类如表2-8所示。从后面的分析可以发现,2012—2021年,浙江省从波兰进口以及浙江省向波兰出口的各类商品类别所占比重随年份不断发生变化。

表 2-8　　　　　　　　二十二个大类商品名称

类别	名称
第一类	活动物;动物产品
第二类	植物产品

---

① 王思语,昌忠泽,韩子月. 改革开放以来中国贸易结构测度、演变及空间格局研究 [J]. 中国软科学,2023,386 (02):23-34.

② 该制度由世界海关组织主持编制,每4—6年修订一次,是一部科学的、系统的国际贸易商品分类体系,适用于税则、统计、生产、运输、贸易管制、检验检疫等多方面,目前包括中国在内有200多个国家或地区将《协调制度》作为本国或地区编制税则和贸易统计目录的基础,全球贸易98%以上的货物都是以《协调制度》目录进行商品分类和统计。来源:https://baijiahao. baidu. com/s? id = 1750699903 559 196 759&wfr = spider&for = pc.

续表

类别	名称
第三类	动、植物油、脂及其分解产品；精制的食用油脂；动、植物蜡
第四类	食品；饮料、酒及醋；烟草、烟草及烟草代用品的制品
第五类	矿产品
第六类	化学工业及其相关工业的产品
第七类	塑料及其制品；橡胶及其制品
第八类	生皮、皮革、毛皮及其制品；鞍具及挽具；旅行用品、手提包及类似容器；动物肠线（蚕胶丝除外）制品
第九类	木及木制品；木炭；软木及软木制品；稻草、秸秆、针茅或其他编结材料制品；篮筐及柳条编结品
第十类	木浆及其他纤维状纤维素浆；回收（废碎）纸或纸板；纸、纸板及其制品
第十一类	纺织原料及纺织制品
第十二类	鞋、帽、伞、杖、鞭及其零件；已加工的羽毛及其制品；人造花；人发制品
第十三类	石料、石膏、水泥、石棉、云母及类似材料的制品；陶瓷产品；玻璃及其制品
第十四类	天然或养殖珍珠、宝石或半宝石、贵金属、包贵金属及其制品；仿首饰；硬币
第十五类	贱金属及其制品
第十六类	机器、机械器具、电气设备及其零件；录音机及放声机、电视图像、声音的录制和重放设备及其零件、附件
第十七类	车辆、航空器、船舶及有关运输设备
第十八类	光学、照相、电影、计量、检验、医疗或外科用仪器及设备、精密仪器及设备；钟表；乐器；上述物品的零件、附件
第十九类	武器、弹药及其零件、附件
第二十类	杂项制品
第二十一类	艺术品、收藏品及古物
第二十二类	特殊交易品及未分类商品

资料来源：《商品名称及编码协调制度的国际公约》。

一、浙江省对波兰出口商品的结构

2012—2021年浙江省对波兰的出口商品占比如图2-1所示。通过将二十二个大类商品占出口贸易总额百分比用柱状图来表示，再根据年份依次展示，清晰明了地显示每一年浙江省向波兰出口商品中各类商品所占比例，并且更利于观察每一类商品变动的百分比及其变动趋势。浙江省向波兰出口的所有商品中，第十六类商品（即机器、机械器具、电气设备及其零件；录音机及放声机、电视图像、声音的录制和重放设备及其零件、附件）在2012—2021年浙江省向波兰出口总额中始终居于首位，其次为第十一类（即纺织原料及纺织制品），第二十类（即杂项制品）居于第三位。此三类产品约占浙江省向波兰出口的60%，占据较大比重，可见这三类商品的重要性。

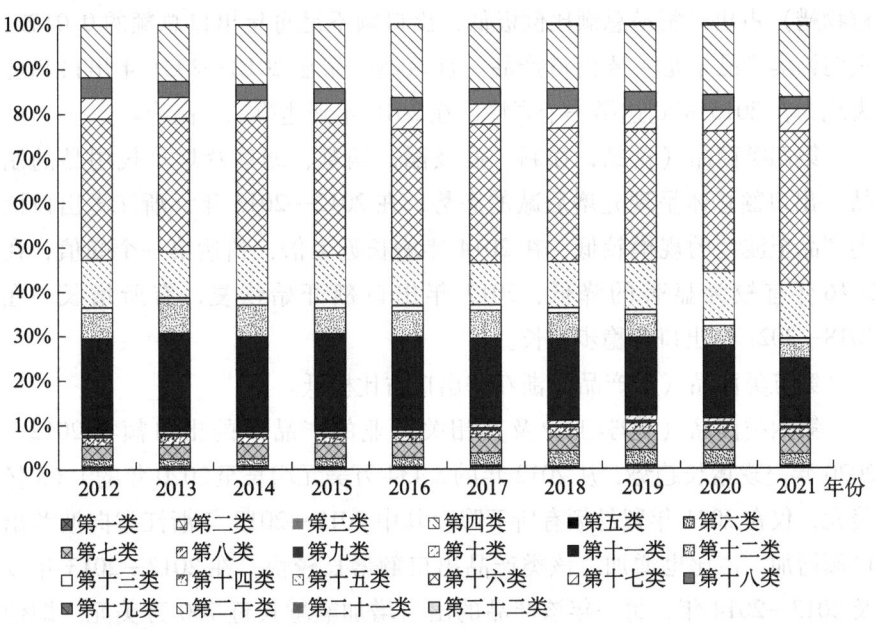

图2-1 2012—2021年浙江省向波兰出口商品二十二大类分布情况
数据来源：国研网"国际贸易研究及决策支持系统"。

从分类来看，第一类商品（活动物、动物产品）浙江省向波兰出口额大致保持在1 000万—3 000万美元。2012年，此类商品出口额为1 012.78万美元，在2013—2014年，有小幅降低，但总体来说相差不大，在2015—2016年，下降幅度较大，大约下降200万美元，2017年相较于2016年增长近1倍，在2018年有所下降后在2019年达到近些年来该类产品出口额最高的一年，2019年，活动物、动物产品相较于2018年的出口额增长近1倍，从1 154.83万美元增长至2 360.6万美元。2020—2021年不断下降，该类产品出口额较为不稳定。总体上在2012—2019年贸易额不断增加，在2019年之后，贸易额不断减少。

第二类商品（植物产品）出口额较少，最高达到1 012万美元，该类产品与其他类别产品相比总体趋势较为平稳。该类产品出口规模占比在2012—2014年不断增加，在2014年达到885万美元后，在2015—2016年下降，其中2015年降到2013年的出口水平，在2017年有小幅增长后，此后2018—2021年不断下降。其规模占比在2012—2019年保持在0.2%以上，在2019年之后，贸易规模占比在0.2%以下。

第三类商品（动、植物油、脂及其分解产品；精制的食用油脂；动、植物蜡）占出口贸易总额比例极低，出口额不足每年出口总额的0.01%，表明该类产品不是主要出口产品。且该类产品在2012—2021年出口趋势表现为在2015年到达第一个高峰，在2018年到达第二个高峰。

第四类商品（食品，饮料、酒及醋，烟草、烟草及烟草代用品的制品）出口额总体呈现先增后减的态势，在2012—2013年，浙江省出口该类产品至波兰的规模较低，在2014年增长近1倍，到达第一个峰值，在2016年有较为显著的降低，2017年出口额开始恢复，有所增长，在2018—2021年出口额稳步增长。

第五类商品（矿产品）浙江省出口占比极低。

第六类商品（化学工业及其相关工业的产品）的出口额在2012—2020年呈现增长趋势，从2012年的3 434万美元增长至2020年的1.63亿美元，仅在2021年贸易额有所下降，其中2012—2018年浙江省向波兰出口额增加，占比也增加。该类产品出口额增长较快，在2012—2013年以及2013—2014年，每一年该产品的出口增加额增长近700万美元。即使2015年出口额下降，该类产品的出口额也依旧保持增长，相比于前两年，增长幅度较小。在2015—2018年，出口额增长更快，从6 285.7万美元增长至1.48亿美元，占比从2.04%增长至3.46%。自2018年该类产品出口额破亿美元，此后年份里均超过1亿美元，在2019—2020年，总体保持稳定，在2021年出口额有所下降，下降约3 000万美元，占比降为2.63%。

第七类商品（塑料及其制品，橡胶及其制品）出口额在2012—2021年呈现为稳步增长态势，2014年此类产品的出口额首次破1亿美元，在2015年受到出口规模降低影响，虽然出口额从1.02亿美元降低至9 818.6万美元，然而占比从3.42%增长至3.43%。自2016年起，该类产品出口额不断增长，在2019年规模增长最快，从3.68%增长至4.28%，在2020

年突破 2 亿美元。

第八类商品（生皮、皮革、毛皮及其制品；鞍具及挽具；旅行用品、手提包及类似容器；动物肠线（蚕胶丝除外）制品）在出口中呈现小幅波动，在 2019 年，该类产品的出口额达到最高，但在 2013 年该类产品的出口规模占比最高达到 1.95%。此类商品在 2012—2013 年出口规模占比较高，在此后年份中虽然出口额有所上升但其规模占比未达到 2012—2013 年的水平，仅在 2019 年时规模占比再次达到 2012 年水平，此时出口规模占比为 1.81%，出口额为 8 150.27 万美元，为 2012 年的 2 倍。可以发现随着浙江省出口波兰产品的金额的增加，达到同样规模占比需要出口更多的产品。该类产品在 2020—2021 年又有所下降，说明该类产品的出口额是不稳定的，但总体来说，其出口规模占比较为稳定。

第九类商品（木及木制品；木炭；软木及软木制品；稻草、秸秆、针茅或其他编结材料制品；篮筐及柳条编结品）出口规模占比主要保持在 0.5%。2012—2021 年出口总体呈现增长态势，仅在 2015 年有所下降。2012—2013 年，出口额增长 3 万美元，但占比从 0.54% 降低至 0.48%，该类产品在 2018 年的出口占比恢复至 2012 年水平，此时的出口额为 2012 年的 2 倍。根据第八类第九类的数据，我们可以看出浙江省向波兰出口额的增长是显著的。

第十类商品（木浆及其他纤维状纤维素浆；回收（废碎）纸或纸板；纸、纸板及其制品此类产品）出口增长速度相较于第九类较为明显。在 2012—2019 年，出口额以及出口占比呈现双增长，出口额从 1 303 万美元增长至 5 272 万美元，占比从 0.59% 增长至 1.17%，2019 年的出口额为 2012 年的近 4 倍，出口规模增长近 1 倍。在 2020—2021 年，出口额以及规模占比均下降。

第十一类商品（纺织原料及纺织制品）始终居于出口产品第二大类，出口额在 2012—2014 年不断增加，在 2015 年受到出口总额降低影响该类产品的出口额有所降低，但在该年出口占比中有所上升，说明即使浙江省向波兰的出口总额减少，但是纺织原料及纺织制品仍然是出口产品中重要部分。在 2016—2020 年出口额不断增加，2021 年有所降低，虽然相比于 2020 年出口额在下降，但是在出口商品中仍然占据重要的一部分。其出口占比最高为 2013 年，该年向波兰出口额较 2012 年增长约 1 亿美元，从 4.67 亿美元增加至 5.5 亿美元，占比从 21.18% 增长至 22.02%，在

2014—2021年，无论出口额如何变动，出口占比呈现下降趋势，至2021年出口占比降低为14.4%。

第十二类商品（鞋、帽、伞、杖、鞭及其零件，已加工的羽毛及其制品，人造花，人发制品产品）在浙江省向波兰出口额始终居于第五。在2012—2014年增长较快，从1.28亿美元增长至2.13亿美元，2015年受到较为显著的影响，出口额从2.13亿美元降低至1.66亿美元，规模占比从7.12%降低至5.78%。该类产品出口额在2016—2017年增长较快，在2018年出口额达到近10年最高，此后较为稳定，规模占比保持在5%—6%。在2020—2021年出口额下降，出口占比也下降。

第十三类商品（石料、石膏、水泥、石棉、云母及类似材料的制品，陶瓷产品，玻璃及其制品）在2013—2014年出口额的变化是明显的，因该类产品在出口产品中出口额较少，规模占比较小，因而在2013—2014年，其出口额增长约2 600万美元，在该年产品出口规模的占比中变化显著。在2014—2021年，该类产品出口额先降低后增加再降低，占比保持在1%左右。

第十四类商品（天然或养殖珍珠、宝石或半宝石、贵金属、包贵金属及其制品；仿首饰；硬币）出口额较少，规模占比低，仅占0.1%—0.2%，与其他类别产品不同的是，该类产品出口额在2021年依旧保持增长。

第十五类商品（贱金属及其制品）总体来说贸易额不断增加，自2012—2021年出口额从2.36亿美元增长至6.11亿美元。规模占比并没有较大起伏，保持在10%左右。

第十六类商品（机器、机械器具、电气设备及其零件；录音机及放声机、电视图像、声音的录制和重放设备及其零件、附件）居于浙江省向波兰出口的首位，约占出口总额30%。2012年该类产品出口额为7亿美元，占比31.78%，占据较大比重。2013—2014年，该类产品出口额是增加的，但规模占比不断下降。2015—2021年，产品出口额不断增加，其中2018—2021年增长较快，直到2021年，出口额达到17.8亿美元，与2012年相比，增长了10亿美元。从中可以发现，该类产品在浙江省向波兰出口产品中规模不断增加，说明机电产品出口成为拉动浙江省出口增长的主力。

第十七类商品（车辆、航空器、船舶及有关运输设备）出口额在

2015年有小幅下降，但在2012—2014年以及2016—2021年，该类产品出口保持增长态势，出口规模占比在4%上下波动。2018年出口额为1.92亿美元，出口规模占比为4.5%，相较于以往年份，该产品在2012年仅为2018年出口额的一半，且在2018年后出口额不断增长，从中也可以发现，我国在出口方面的规模不断扩大，并且运输设备也是较为重要的一部分。

第十八类商品（光学、照相、电影、计量、检验、医疗或外科用仪器及设备、精密仪器及设备；钟表；乐器；上述物品的零件、附件）在2012—2017年出口额在1亿美元上下波动，在2018—2019年出口额较高，此后在2020—2021年不断下降，同时出口规模占比不断下降，在2012年规模占比达到4.66%，在2021年下降至2.63%。

对于第二十类商品（杂项制品）主要包括家具、寝具，各种娱乐用品，雕刻或模塑材料及其制品，浙江省向波兰出口该类产品的规模居于浙江省向波兰出口规模的第三位。2012—2021年，这类产品的出口额不断增加，从2.59亿美元增加至8.38亿美元，且逐年增加，即使在2015年出口额降低的年份依旧保持增长。在2012—2014年，出口额较低，出口占比在14%以下，在2015—2021年，出口规模占比提高，维持在14%—16%。2016年出口额与2012年相比增长近一倍，在2021年增长近2倍。

总体来说，浙江省向波兰的出口额不断增加，各类产品的出口规模占比较为稳定，说明浙江省向波兰出口产品的类别比较固定，虽然在某些年份受到不同程度的影响，但对于波兰而言，依旧选择从浙江省进口其所需商品，进口商品依旧集中于机电产品、纺织制品、杂项制品，总体并无较大变化。其中机电产品、纺织制品、杂项制品进口占比约60%，说明浙江省向波兰出口这三大类产品具有较大优势。波兰坚定持续地选择从浙江省进口这些商品，也体现了我国在对外贸易方面的努力。

二、浙江省从波兰进口商品的结构

2012—2021年浙江省从波兰进口商品占比如图2-2所示。通过将每年二十二大类商品百分比绘制在一个图上，清晰地表明浙江省从波兰进口商品中各类商品所占比例，便于观察各类商品变动情况。浙江省从波兰进口产品中，第十五类商品（贱金属及其制品）占据较大比重，其波动较为明显，在某些年份占比高达71%，在某些年份其份额仅为1/3，但不可否认其在浙江省从波兰进口商品中位居主要位置，说明在贱金属方面，浙江省对于波兰具有一定的依赖性。其他类别产品进口并不稳定，存在前一年的进口额较少，但在后一年却有巨大提升，这与每年的政治环境、经济环境、生态环境等都有一定联系。其他次于贱金属的商品种类主要集中于第五类商品（矿产品）、第六类商品（化学工业及其相关工业的产品）以及第七类商品的橡胶及其制品、第十六类和第十七类商品的机电产品、车辆、航空器、船舶及有关运输设备。

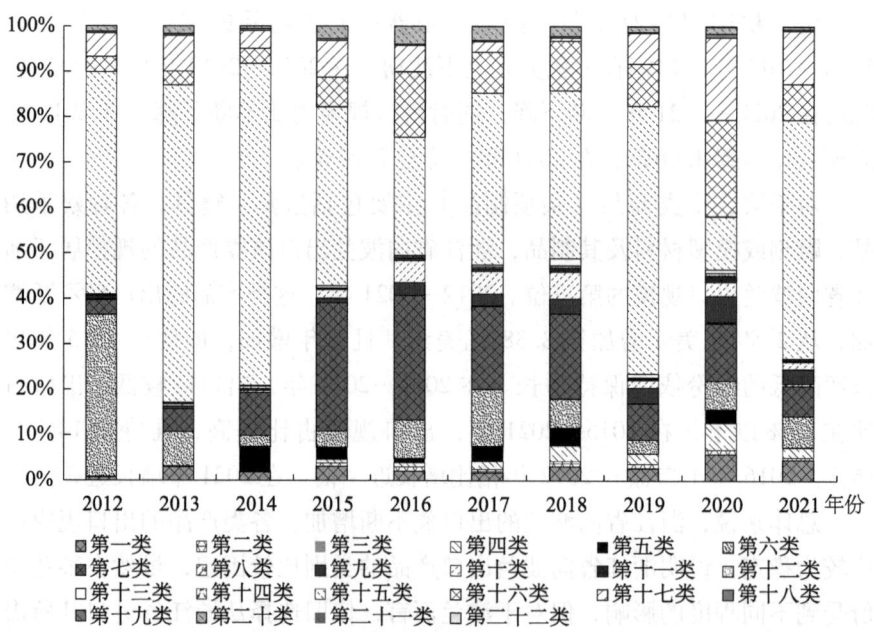

图2-2　2012—2021年浙江省从波兰进口商品二十二大类分布情况

数据来源：国研网"国际贸易研究及决策支持系统"。

从分类来看，浙江省从波兰进口第一类商品（活动物、动物产品）的金额在2012—2018年较少，且在该时间段，进口额呈现先增加后减少再增加的趋势，2019—2021年进口额持续增长，且增长速度较快。2012年该类产品进口额为121万美元，2021年该类产品贸易额达到1 385万美元，在这10年间，该类商品进口额增长了超1 000万美元。

第二类商品（植物产品）在浙江省从波兰进口产品中规模较小，在2012—2021年，仅在2014年及2021年进口额有所下降，其他年份的进口额相较于前一年均呈现不断增加的态势。在2016年进口额突破100万美元后，在2016—2020年均超过100万美元，且规模占比保持稳定。

第三类商品（动、植物油、脂及其分解产品；精制的食用油脂；动、植物蜡产品）根据分类，浙江省在2019年才产生进口额，并且进口额极低。

第四类商品（食品；饮料、酒及醋；烟草、烟草及烟草代用品的制品）浙江省进口额也较少，进口趋势与活动物类似，在2012—2016年进口额较低，在2017—2020年，进口额增加且增长幅度较大，在2020年达到峰值，进口额达到1 139万美元，进口规模占比达到5.9%。

第五类商品（矿产品）浙江省在2012—2013年进口额占比极低，在2014年进口额大幅度增长时占进口总额比重有所提升，达到5.3%，在2015—2021年，进口额呈现波浪形变动，在2015—2016年，进口额不断下降，在2017—2018年有所增长，2019年再次降低，在2020年又增加，在2021年受到新冠疫情影响又下降，可以发现该类产品进口额十分不稳定。

第六类商品（化学工业及其相关工业的产品）浙江省在2012年进口额占比极高，达到35.66%，在该年达到进口产品贸易规模第三位。该类产品在2012—2021年也呈现周期性的波浪形曲线。在2013年下降后在2017年达到第一个峰值，进口额达到1 928万美元，进口规模占比达到12.47%，随后进口额下降，在2021年达到第二个峰值，进口额达到2047万美元，此时进口规模占比仅为6.8%。

第七类商品（塑料及其制品，橡胶及其制品）浙江省进口额总体呈现火山形态势。在2012—2013年进口额较低，在2014—2020年呈现良好态势，此时居于进口产品类别前三位，2015年其进口规模占比相较于其他年份最高，达到28.26%。2016年其占进口总额比例下降但进口额相较于其他年份最高，达到3 356万美元，在2021年进口额有所下降。

第八类商品（生皮、皮革、毛皮及其制品；鞍具及挽具；旅行用品、手提包及类似容器；动物肠线（蚕胶丝除外）制品）浙江省进口规模占比较小。

第九、第十类主要为木及木制品以及其他编结材料制品，篮筐及柳条编结品，木浆及其他纤维状纤维素浆等。波兰木材业附加值较高，家具及木地板生产和贸易在国际上占有一席之地，是世界第三大多孔纤维板生产国、第六大刨花板和硬纤维板生产国。根据波兰经济研究所数据，波兰是世界上第二大家具生产国和欧盟国家中第一大生产国，2020年波兰家具出口总值为111亿欧元。①浙江省这两类产品在进口趋势上相似，在2012—2014年进口规模占比较低，自2015年开始进口规模占比增长幅度加快，在2016—2021年，这两类产品变化趋势基本保持一致。

第十二类至第十四类这三类产品浙江省在进口额中占比均较小。

第十五类商品（贱金属及其制品）为浙江省从波兰进口的主要产品。2000年以来，波兰钢铁产业经历了衰退、重组、恢复和发展四个时期。2019年钢铁（crude steel）产量910万吨。国际钢铁巨头阿赛洛—米塔尔集团旗下的波兰米塔尔钢铁集团（Mittal Steel Poland SA）是波兰最大的钢铁企业，有4条生产线，总产能占波兰整个钢铁产业的60%以上。②2012—2021年贱金属及其制品占浙江省从波兰进口总额的比例极高，2012年该类产品进口规模占比居于首位，约占当时进口商品50%，2013年比重更高，达到69.84%，2014年该类产品占当时进口贸易额的71%。2015年大幅度降低，减少近1亿美元，进口规模占比从71%降低至39.3%。2015—2018年，进口额保持在3 000万—5 000万美元，在2019年以及2021年进口额再次达到1.5亿美元，从某种程度说，贱金属及其制品进口额与进口总额有一定的关联。

第十六类商品（机器、机械器具、电气设备及其零件；录音机及放声机、电视图像、声音的录制和重放设备及其零件、附件）在2012—2014年浙江省进口规模占比较小，保持在3%，在2015—2016年，进口额增长近1 000万美元，进口规模占比增速较为明显。此后在2017—2019年，进口额不断增加，进口规模占比较为稳定，保持在10%，2020年，进口额增长近一倍，进口规模占比达到21.26%，在2021年又恢复至2019年的水平。总的来说，此类产品整体呈现不断增长态势，在个别年份受到影响有所下降。

第十七类商品（车辆、航空器、船舶及有关运输设备）在浙江省2012—2015年的进口规模占比较高，在2015年达到8.17%，随后开始下降，在2016—2019年进口额较低，其中2018年其进口规模占比低于1%。2020年规模占比增加，2021年进口额保持一致，规模占比下降，从中可以发现，随着进口额的增加，浙江省选择更多进口波兰其他类别的产品，

---

① https：//www.ccpitcq.org/upfiles/202207/20220704091535796.pdf.
② https：//www.ccpitcq.org/upfiles/202207/20220704091535796.pdf.

表 2-9　2012—2021 年浙江省向波兰出口的商品及金额

单位：万美元

商品类别	2012年	2013年	2014年	2015年	2016年	2017年	2018年	2019年	2020年	2021年
第一类 活动物；动物产品	1 012.78	987.83	962.43	714.63	783.83	1 502.50	1 154.83	2 360.61	2 175.30	1 582.51
第二类 植物产品	501.79	644.54	885.06	622.66	743.50	1 012.21	912.22	979.53	858.13	754.84
第三类 动、植物油、脂及其分解产品；精制的食用油脂；动、植物蜡	19.80	15.70	46.23	53.23	32.54	43.51	59.48	41.47	26.11	22.07
第四类 食品；饮料、酒及醋、烟草及烟草代用品的制品	141.79	194.76	472.00	365.93	103.40	219.69	337.30	363.62	329.85	366.55
第五类 矿产品	0.69	2.46	0.00	0.07	4.61	63.58	41.01	6.20	77.19	10.40
第六类 化学工业及其相关工业的产品	3 434.61	4 177.90	4 839.30	5 068.70	6 285.70	9 711.71	14 763.67	14 991.92	16 289.37	13 546.45
第七类 塑料及其制品；橡胶及其制品	6 722.38	7 963.90	10 238.04	9 818.60	11 049.41	12 620.39	15 693.17	19 278.70	22 307.78	23 419.40
第八类 生皮、皮革、毛皮及其制品；鞍具及挽具；旅行用品、手提包及类似容器；动物肠线（蚕胶丝除外）制品	4 041.40	4 870.78	4 675.07	4 543.68	4 173.53	5 879.13	7 158.94	8 150.27	6 488.98	6 333.48
第九类 木及木制品；木炭；软木及软木制品；稻草、秸秆、针茅或其他编结材料制品；篮筐及柳条编结品	1 188.53	1 191.89	1 443.28	1 364.28	1 603.83	2073.30	2 283.18	2 629.48	2 411.60	2 473.74

续表

商品类别	2012年	2013年	2014年	2015年	2016年	2017年	2018年	2019年	2020年	2021年
第十类 木浆及其他纤维状纤维素浆；回收（废碎）纸或纸板；纸、纸板及其制品	1 303.58	1 680.44	1 845.82	2 077.01	2 309.49	3 160.58	4 058.45	5 272.25	4 683.92	4 228.77
第十一类 纺织原料及纺织制品	46 697.98	55 071.56	64 022.30	62 661.03	64 537.85	67 676.17	78 236.20	78 922.48	79 708.36	74 090.69
第十二类 鞋、帽、伞、杖、鞭及其零件；已加工的羽毛及其制品；人造花；人发制品	12 807.40	17 843.42	21 317.49	16 553.11	17 945.22	22 060.64	24 659.34	22 874.00	21 439.72	18 117.38
第十三类 石料、石膏、水泥、石棉、云母及其材料的制品；陶瓷产品；玻璃及其制品	2 393.57	1 882.07	4 427.44	3 741.68	3 585.93	4 349.87	4 768.43	4 468.71	6 500.65	4 722.29
第十四类 天然或养殖珍珠、宝石或半宝石、贵金属、包贵金属及其制品；仿首饰；硬币	169.78	298.92	631.33	657.86	595.45	391.74	500.77	587.21	670.89	785.50
第十五类 贱金属及其制品	23 559.93	25 913.99	33 103.56	29 805.90	32 358.19	33 391.82	44 232.98	48 019.09	53 146.56	61 099.27
第十六类 机器、机械器具、电气设备及其零件；录音机及放声机，电视图像、声音的录制和重放设备及其零件、附件	70 043.36	74 905.63	87 697.69	86 731.02	89 712.64	110 623.07	127 830.41	134 398.02	154 861.67	177 955.02

续表

商品类别	2012年	2013年	2014年	2015年	2016年	2017年	2018年	2019年	2020年	2021年
第十七类 车辆、航空器、船舶及有关运输设备	10 260.35	11 866.10	12 183.48	10 946.55	13 125.03	15 654.82	19 206.56	19 573.96	22 506.67	25 830.97
第十八类 光学、照相、电影、计量、检验、医疗或外科用仪器及设备；钟表；乐器；上述物品的零件、附件	10 239.50	8 992.54	10 414.56	9 265.98	8 858.51	12076.34	18 552.89	18 524.85	16 868.14	13 533.41
第十九类 武器、弹药及其零件、附件	0	0	0	0	0	146.77	144.82	145.73	132.16	170.17
第二十类 杂项制品	25 891.32	31 573.00	40 246.48	41 260.04	50 732.99	50 936.94	61 087.83	67 640.35	76 834.64	83 758.22
第二十一类 艺术品、收藏品及古物	0	0	0.19	0	0	2.71	3.31	9.65	5.52	10.93
第二十二类 特殊交易品及未分类商品	0.07	38.40	63.09	55.97	46.47	392.45	962.69	1 063.48	1 917.38	1 531.93

数据来源：国研网"国际贸易研究及决策支持系统"。

表2-10　2012—2021年浙江省从波兰进口的商品及金额

单位：万美元

商品类别	2012年	2013年	2014年	2015年	2016年	2017年	2018年	2019年	2020年	2021年
第一类 活动物；动物产品	121.42	488.14	402.70	361.39	248.54	260.09	483.71	711.78	1129.06	1385.20
第二类 植物产品	4.24	7.56	57.74	87.12	118.72	124.45	184.95	256.42	186.63	142.13
第三类 动、植物油、脂及其分解产品；精制的食用油脂；动、植物蜡	0	0	0	0	0	0	0	0.52	0.50	0.61
第四类 食品；饮料、酒及醋；烟草及烟草代用品的制品	10.41	14.00	10.84	91.99	110.40	278.81	526.07	606.08	1139.53	660.88
第五类 矿产品	3.36	4.04	1178.14	320.03	111.88	513.80	606.12	0.00	580.37	35.58
第六类 化学工业及其相关工业的产品	5954.00	1238.79	544.69	412.53	1039.79	1928.92	988.94	801.64	1199.09	2047.46
第七类 塑料及其制品；橡胶及其制品	533.32	810.33	2091.85	3320.51	3356.37	2820.18	2912.36	2104.34	2454.76	1990.98
第八类 生皮、皮革、毛皮及其制品；鞍具及挽具；旅行用品、手提包及类似容器；动物肠线（蚕胶丝除外）制品	26.19	5.33	110.69	1.87	1.84	36.57	14.00	0.68	59.60	168.97
第九类 木及木制品；木炭；软木及软木制品；稻草、秸秆、针茅或其他编结材料制品；篮筐及柳条编结品	4.68	86.55	73.84	112.39	343.09	387.86	500.57	903.19	1106.47	942.89

续表

商品类别	2012年	2013年	2014年	2015年	2016年	2017年	2018年	2019年	2020年	2021年
第十类 木浆及其他纤维状纤维素浆；回收（废碎）纸或纸板；纸、纸板及其制品	17.98	88.94	131.19	223.32	597.00	777.45	921.15	439.07	591.77	499.61
第十一类 纺织原料及纺织制品	125.67	51.78	22.21	19.79	76.33	96.51	138.31	82.87	267.94	89.72
第十二类 鞋、帽、伞、杖、鞭及其零件；已加工的羽毛及其制品；人造花；人发制品	0.49	0.25	0.11	24.04	43.75	57.77	70.53	63.03	109.91	32.26
第十三类 石料、石膏、水泥、石棉、云母及类似材料的制品；陶瓷产品；玻璃及其制品	31.23	0.78	3.66	60.09	14.06	64.94	251.69	220.38	150.31	78.59
第十四类 天然或养殖珍珠、宝石或半宝石、贵金属、包贵金属及其制品；仿首饰；硬币	0.37	5.25	1.34	0	0	0.06	0	0.35	0	0
第十五类 贱金属及其制品	8 181.83	11 432.91	15 786.52	4 621.50	3 186.40	5 835.37	5 728.82	15 557.81	2 251.66	15 815.13
第十六类 机器、机械器具、电气设备及其零件，录音机及放声机，电视图像、声音的录制和重放设备及其零件、附件	557.62	504.07	734.90	763.83	1 759.16	1 408.96	1 704.99	2 464.30	4 106.56	2 354.91

续表

商品类别	2012年	2013年	2014年	2015年	2016年	2017年	2018年	2019年	2020年	2021年
第十七类 车辆、航空器、船舶及有关运输设备	874.88	1 288.38	877.44	959.95	722.33	356.25	114.42	1 773.32	3 507.70	3 534.18
第十八类 光学、照相、电影、计量、检验、医疗或外科用仪器及设备、精密仪器及设备；钟表、乐器；上述物品的零件、附件	59.69	64.57	89.47	47.81	31.07	43.19	47.07	71.05	166.63	110.06
第十九类 武器、弹药及其零件、附件	0	0	0	0	0	0	0	0	0	0
第二十类 杂项制品	191.27	278.00	118.41	319.93	480.21	468.95	331.85	310.02	290.47	169.58
第二十一类 艺术品、收藏品及古物	0	0	0	0	0	0.04	0	0	0	0.30
第二十二类 特殊交易品及未分类商品	0	0	0	0	0	4.23	5.11	5.75	12.83	9.43

数据来源：国研网"国际贸易研究及决策支持系统"。

该类产品的进口额没有增加,因而进口规模占比下降。

第十八类至第二十二类商品(主要为仪器、武器、杂项制品以及艺术品等)浙江省进口规模占比较低,其中浙江省没有从波兰进口武器、弹药及其零件、附件。杂项制品呈现先增后减趋势,该类产品在2012—2016年,进口额不断增加,在2016年达到480万美元且进口规模占比与其他年份相比最高,达到3.92%,在2017—2021年,该类产品进口额不断下降。艺术品、特殊交易品在2012—2016年也没有从波兰进口,在后续年份中有所增加,但进口额较低。

可以看出,浙江省从波兰进口产品没有明显的持续增长或降低趋势,更多呈现波浪形的态势。波兰在中东欧国家中属于贸易大国,其贸易额相较于其他国家位于前列,其商品对于其他国家具有极大优势。因此,中东欧其他各国与波兰往来十分密切,但对于浙江省而言,其商品对于中国消费者的知名度、认可度以及消费者所具备的忠诚度均不及中东欧其他国家。因而,对于浙江省而言,其进口波兰商品不像出口商品那样稳定。

第三节
浙江省与波兰的贸易依存度

对外贸易依存度是指一国进出口总额与其国内生产总值或国民生产总值之比,又叫对外贸易系数。对外贸易依存度是衡量一国国民经济对对外贸易依赖程度的重要指标。为了更加准确地表示一国经济增长对国际贸易的依赖程度,人们又将对外贸易依存度分为进口依存度和出口依存度。进口依存度是指进口贸易额与国内生产总值的比例,主要反映一国市场对外的开放程度,出口依存度指出口贸易额与国内生产总值的比例,反映一国对外贸的依赖程度。一般来说,对外贸易依存度越高,表明该国经济发展对外贸的依赖程度越大,同时也表明对外贸易在该国国民经济中的地位越重要。

一、浙江省对波兰的贸易依存度

表2-11是浙江省2012—2021年地区生产总值及其与波兰的进出口

额。资料来源于统计年鉴，根据表格中所给信息可以发现，浙江省经济蓬勃发展，地区生产总值不断增加，从2012年的3.44万亿元增长至2021年的7.35万亿元，实现地区生产总值翻一番。浙江省地区生产总值增长较为稳定，从2012年的3.44万亿元到2013年的3.73万亿元再到2014年的4万亿元，2015年的4.35万亿元，以每年3 000亿元的增幅稳步上升。在2016—2019年，浙江省全省地区生产总值以每年约4 000亿元增长。2020年受外部环境影响，该年生产总值增长较少，仅增长约2 000亿元，但依旧保持增长态势，在2021年，考虑到其经济活力被激发以及在2021年政策支持下，浙江省地区生产总值增长明显，增长约1万亿元，是地区生产总值增长幅度最大的一年，但考虑到前一年经济的影响，并不能完全反映浙江省的未来趋势，但也说明了经济正在开始慢慢恢复。

在本书中运用浙江省对波兰进出口总额和GDP数据，计算整理了浙江省与波兰的贸易依存关系。由于采用的单位为美元，为了便于分析，这里通过统计年鉴中查找的人民币汇率统一将美元转换为人民币，将浙江省与波兰之间的进出口额根据汇率转化为以人民币为单位。

表2-11　　2012—2021年浙江省GDP及进出口值　　单位：亿元

年份	GDP	浙江省与波兰的进出口额	浙江省向波兰出口额	浙江省从波兰进口额
2012	34 382.39	149.688	139.147	10.541
2013	37 334.64	165.040	154.902	10.138
2014	40 023.48	197.645	183.986	13.659
2015	43 507.72	185.641	178.324	7.317
2016	47 254.04	213.104	204.973	8.131
2017	52 403.13	249.448	239.007	10.441
2018	58 002.84	292.608	282.330	10.277
2019	62 462.00	328.834	310.641	18.193
2020	64 689.06	351.469	338.148	13.321
2021	73 515.76	351.228	331.829	19.399

数据来源：2013—2022年《浙江统计年鉴》。

从浙江省对波兰的对外贸易依存关系看，"浙江省与波兰进出口总额/浙江省GDP"总体呈现波浪形，表现为先增长，在2014年达到第一个峰值，这得益于"一带一路"倡议提出后，2014年的对外贸易额有所上升，

"浙江省与波兰进出口总额/浙江省 GDP"达到 0.494%。在 2014 年后下降，因为在 2015 年受到对外贸易额较大幅度下降的影响，"浙江省与波兰进出口总额/浙江省 GDP"下降，在 2016—2020 年，对外贸易依存度稳步增长，从 0.451% 增长至 0.543%，在 2020 年到达第二个峰值，而后在 2021 年有所下降，且下降幅度明显，下降为 0.478%。

对外贸易依存度可分为进口依存度和出口依存度。下面将分别从进口依存度和出口依存度进行分析。从"浙江省从波兰进口总额/浙江省 GDP"可以看出进口依存度较小，仅为 0.02%—0.03%，在 2012 年浙江省对波兰的进口依存度为 0.031%，在 2013 年进口依存度下降，尽管浙江省从波兰进口商品呈现增长，但随着浙江省 GDP 的不断增加，进口依存度降低为 0.027%。在 2014 年，随着从波兰进口额的不断增加，进口依存度有较大幅度增加，上升至 0.034%，这是 2012—2021 年进口依存度最高的一年。在 2015 年，由于进口额的下降和浙江省 GDP 的增加，进口依存度较大幅度下降，下降为 0.017%。2016 年浙江省对波兰的进口依存度与 2015 年保持一致，在 2017 年有小幅度增长，在 2018 年又降低，在 2019 年达到 0.029%，增长较为迅速，在 2020 年有所降低后在 2021 年又有所增长。可以发现，浙江省对波兰的进口贸易依存度呈波浪形变动，且波动较为频繁。

从浙江省对波兰的出口依存度可以看出浙江省出口到波兰的商品贸易额占浙江省 GDP 的 0.4%—0.5%。在 2012—2014 年，浙江省出口波兰的贸易额不断增加，出口贸易依存度从 0.405% 增长至 0.46%，在 2015 年有所下降后，在此后年份直到 2020 年，出口贸易依存度不断增长，从 0.41% 增长至 0.523%，增长约 0.1 个百分点。在 2021 年浙江省对波兰的出口额下降，因而其出口贸易依存度下降，降低至 0.451%。总体而言，浙江省凭借其优越的地理位置，外贸发展良好，出口贸易额远大于进口贸易额，因而出口贸易依存度远大于进口贸易依存度。这从侧面也说明了浙江省对于波兰出口的依赖程度，对外贸易对浙江省是极为重要的。

表 2-12　　　　　　　浙江省对波兰的贸易依存度　　　　　　单位：%

年份	贸易依存度	进口依存度	出口依存度
2012	0.436	0.031	0.405
2013	0.442	0.027	0.415

续表

年份	贸易依存度	进口依存度	出口依存度
2014	0.494	0.034	0.460
2015	0.427	0.017	0.410
2016	0.451	0.017	0.434
2017	0.476	0.020	0.456
2018	0.505	0.018	0.487
2019	0.526	0.029	0.497
2020	0.544	0.021	0.523
2021	0.477	0.026	0.451

注：贸易依存度根据浙江省与波兰进出口总额/浙江省 GDP 公式计算所得。

二、波兰对浙江省的贸易依存度

中国同波兰建立了双边贸易关系，促成了彼此间大量的贸易往来。表 2-13 是 2012—2021 年波兰 GDP 及其与浙江省进出口值。因为波兰的 GDP 计量单位为美元，同时为避免单位转化带来的误差，因此在计算波兰对浙江省的贸易依存度时统一使用美元，不再转化为人民币。2012—2021 年波兰 GDP 呈现先增长后降低再增长的情况，由表 2-13 数据可知，波兰 2012 年 GDP 为 4 952 亿美元，在接下来两年里，波兰 GDP 不断增长，增长速度保持在 4%，直到 2014 年到达第一个峰值 5 391 亿美元，紧接着开始下降。通过数据可知，在 2015 年波兰 GDP 的下降幅度明显，2016 年与 2015 年差别不大，但依旧在下降，这两年波兰 GDP 的水平比 2012 年更低，从侧面反应波兰经济受到巨大影响。在经历了 2015—2016 年的下降，于 2017 年开始恢复增长，且在 2017—2018 年增长较快，增长速度达到 12%。在 2019—2020 年增长缓慢，总体稳定，在 2021 年实现巨大增长，GDP 达到 6 794 亿美元，增长速度超过 13%。

表 2-13　2012—2021 年波兰 GDP 及与浙江省进出口额　　　单位：美元

年份	波兰 GDP	浙江省与波兰进出口额	波兰向浙江省的出口额	波兰从浙江省的进口额
2012	495 236 910 793.80	2 371 302 241	166 986 544	2 204 315 697
2013	515 764 728 216.16	2 664 855 188	163 696 811	2 501 158 377

续表

年份	波兰 GDP	浙江省与波兰进出口额	波兰向浙江省的出口额	波兰从浙江省的进口额
2014	539 087 652 559.84	3 217 505 934	222 357 445	2 995 148 489
2015	477 111 287 969.23	2 980 559 954	117 480 686	2 863 079 268
2016	470 022 572 790.91	3 208 290 693	122 409 447	3 085 881 246
2017	524 645 833 884.58	3 694 543 602	154 644 129	3 539 899 473
2018	588 782 567 765.87	4 421 791 416	155 306 699	4 266 484 717
2019	596 054 591 863.31	4 766 741 989	263 726 163	4 503 015 826
2020	599 449 188 399.11	5 095 523 855	193 117 986	4 902 405 869
2021	679 444 832 854.30	5 444 124 508	300 684 664	5 143 439 844

数据来源：国研网"国际贸易研究及决策支持系统"。

从波兰对浙江省的贸易依存度可以发现，总体呈现增长态势。2012年波兰对浙江省的贸易依存度仅为0.479%，此后不断增长，直到2020年贸易依存度增长为0.85%，在2021年贸易依存度有所下降。贸易依存度不断增加说明波兰的经济发展对与浙江省对外贸易的依赖程度越大，同时也说明波兰与浙江省的对外贸易在波兰国民经济中占据重要的地位。

下面分别从进口依存度和出口依存度进行分析。从波兰对浙江省的进口依存度可以看出，进口依存度与贸易依存度变化趋势保持一致，在2012—2020年，进口依存度不断增加，在2021年有所下降。进口依存度增长较为稳定，以每年0.03%—0.06%的趋势增长，说明波兰从浙江省进口贸易额稳定且稳步增长。从侧面反映了浙江省高度重视"引进来"和"走出去"，走向世界的步伐加快，与世界形成了全新的贸易体系和互联互通走廊。

从波兰对浙江省的出口依存度可以看出，波兰对浙江省的出口依存度极小，维持在0.02%—0.045%，在2012—2014年，出口依存度先增加后减少但变化较小，在2014年出口依存度下降明显，从0.041%降低至0.025%，2015—2018年，出口依存度仅保持在0.025%—0.03%，该阶段波兰出口浙江省贸易额较少，在2017—2018年贸易额逐渐恢复，2019—2021年恢复至2012—2014年的水平，保持在0.03%以上。总体而言，波兰出口依存度较小，说明波兰出口至浙江省的货物竞争性不强，从另一方面也说明了波兰对浙江省的商品出口规模仍有较大上升空间。

表 2-14　　波兰对浙江省的贸易依存度　　　　单位：%

年份	贸易依存度	进口依存度	出口依存度
2012	0.479	0.445	0.034
2013	0.517	0.485	0.032
2014	0.597	0.556	0.041
2015	0.625	0.600	0.025
2016	0.683	0.657	0.026
2017	0.704	0.675	0.029
2018	0.751	0.725	0.026
2019	0.800	0.755	0.044
2020	0.850	0.818	0.032
2021	0.801	0.757	0.044

注：贸易依存度根据浙江省与波兰进出口总额/波兰 GDP 公式计算所得。

第三章

浙江省与波兰的贸易网络及演化

第一节
贸易网络的测算

本章在第二章双边贸易概述的基础上,对浙江省与波兰同处于一个贸易网络时双方之间的联系与地位展开深入分析。自 2012 年中国—中东欧国家合作机制成立以来,双方经贸合作取得积极进展。在本章中,我们将侧重点放在浙江省,探究浙江省在该合作机制下与中东欧国家之间,特别是波兰的贸易联系是否紧密,更为直观地观察浙江省与波兰的经贸关系在中东欧国家中的地位。因此,本章选用浙江省的省份贸易数据来研究浙江省与中东欧国家之间的贸易关系。

一、贸易网络的相关研究

贸易的产生源自不同主体之间进行商品交换,随着国际经济的不断发展和各国贸易活动的日趋复杂,国家间的贸易关系呈现出社会网络的特点,完美契合社会网络分析中对"节点"和"连边"等基本要素的要求,每个国家（地区）代表一个"节点"，如果该国家（地区）向另外一个国家（地区）出口产品，则节点之间存在"连边"。越来越多的学者从复杂网络的角度出发探讨各国在全球或区域贸易网络中的位置，因此提出了贸易网络这个概念。刘维林等（2023）构建无权有向贸易网络矩阵，黄孝岩（2023）构建有向加权复杂网络。基于复杂网络的视角，研究经济体之间复杂的贸易依赖关系，能够更加精准地把握经济体之间的贸易依赖特征。贸易网络在学术研究中应用范围广泛。从地域上，不仅可用于省域间的研究，还可用于全球范围，分析区域一体化组织如 RCEP、"一带一路"国家、亚太经合组织的贸易网络；从内容上，可用于分析服务贸易、商品贸易，也可用于分析不同产业，如农产品、纺织品、高技术产品等。通过研读贸易网络相关文献，可以发现对于中东欧国家贸易网络的研究较少。对于贸易网络特征，不同学者会有不同的分类方式，倪宁等（2022）用网络密度以及核心—边缘结构来展示整体结构，刘敏等（2022）从联系广度、联系强度、中心性三个维度刻画国家在贸易网络中的地位特征。程大中（2023）将中心度分为需求者中心度和提供者中心度，李建军（2021）从"核心—边缘结构"与凝聚子群两方面进行演化分析。因此本书通过文献阅读，最终确定将贸易网络从整体、网络中心性以及核心—边缘结构三方面进行分析。

国家之间建立的贸易网络会受到多种因素的影响，部分学者从不同维度去探寻贸易网络的影响因素。董志良等（2022）将影响因素分为经济贸易因素、政府制度因素、文化因素和地理交通因素。黄孝岩等（2023）认为内外机制会对贸易网络产生影响，可以探究内外机制的交互作用，如互惠性、扩张性、多重连通性、三元组闭合性以及稳定性对贸易网络的影响。梁茂林等（2022）从经济、制度、文化、人口、空间五个维度选取指标寻找贸易演变的原因。叶玮怡等（2023）从互补性和可达性两个方面，以及需求、供给、交通、制度 4 个维度，选取贸易网络的影响因素。周锐波等（2023）从动态演化和关系视角探讨了商品贸易的影响因素。

对于研究贸易网络影响因素的方法，杨碧舟等（2023）、王彦芳等（2022）采用时态指数随机图模型（TERGM）方法对网络形成的影响因素进行实证分析。较多学者如齐玮等（2023）、康建东等（2023）运用 QAP 方法（一种基于随机置换的非参数估计方法）分析影响贸易网络的因素。王泽宇（2022）采用地理加权回归（GWR）模型从经济因素、人口因素、价格因素、科技因素探究水产品贸易网络的影响因素。程中海等（2022）在扩展的引力模型上采用 QAP 进行研究。马佳卉等（2019）从贸易成本的角度利用回归方程考察交通运输成本、沟通成本、制度成本、劳动力成本对贸易网络的影响。

二、研究范围

2012 年 4 月 26 日，中国—中东欧国家合作机制宣告成立，释放出中国与中东欧国家深化合作、共享机遇的鲜明信号。其中，浙江省作为中国与中东欧合作发展的"排头兵"，是构筑全面开放新格局、打造中东欧经济循环战略枢纽的重要支撑。鉴于立陶宛外长在 2021 年宣布退出中国与中东欧国家的 "17+1" 跨区域合作机制，本书将浙江省与中东欧 16 个国家作为研究对象，为研究浙江省与中东欧国家自合作成立以来形成的贸易网络关系，选取 2012—2021 年作为研究时段，构建 17×17 的关系矩阵和影响因素关联矩阵。

三、研究方法

运用社会网络方法，复杂网络由许多"节点"组成，这些节点代表着网络当中的行动者，节点之间的联系称为"边"，在浙江省与中东欧国家贸易网络中，共有 17 个节点，将国家组成点集 V，国家之间的贸易联系作为边集 E，构建贸易网络 G =（V，E）。社会网络用于刻画网络结构特征的指标有很多种，不同指标在网络中代表不同含义。

本书从整体网络特征、节点网络特征两方面，选用网络密度、互惠度、平均路径长度及网络中心性等指标考察贸易网络结构特征。

（一）整体网络特征

1. 整体网络密度

在复杂网络中，整体网络密度常常用于测度节点之间联系的紧密程度，固定规模点之间的连线越多，该网络的密度就越大。整体网络密度的计算公式为：

$$D_i = \frac{M}{N(N-1)}$$

其中，M 为网络中实际连边数，N 为节点数。

2. 互惠度（Reciprocity）

互惠度用来衡量复杂网络中任意 2 个节点形成相互连接的程度，即网络中对称连接数与连接总数的比率，在浙江省与中东欧贸易网络中表现为成员之间的关系是否具有双向性。互惠度越高，表示贸易网络中的连通性越高。

$$Reciprocity = \frac{R}{M}$$

其中，R 为节点间双向连接的边数，M 为实际连边数。

3. 平均最短路径

从一个节点开始逐步扩展到网络中其他所有节点，通过计算每个节点到起始节点的最短路径，再将所有最短路径的长度求和再除以节点总数即为平均最短路径。

（二）节点网络特征

1. 度中心性

$$Outdegree_i = \sum_{j}^{N} a_{ij}$$

$$Indegree_i = \sum_{j}^{N} a_{ji}$$

其中，$Outdegree_i$ 表示节点 i 的出度中心性，$Indegree_i$ 表示节点 i 的入度中心性，$\sum_{j}^{N} a_{ij}$ 表示节点指向其他节点的数量，$\sum_{j}^{N} a_{ji}$ 表示节点接受其他节点的数量。

2. 接近中心性

$$Outcloseness_i = \frac{N}{\sum_{j=1}^{N} d_{ij}}$$

$$Incloseness_i = \frac{N}{\sum_{j=1}^{N} d_{ji}}$$

其中，d_{ij} 表示以节点 i 为起点到终点节点 j 的最短路径，d_{ij} 表示以节点 i 为终点到其他节点 j 作为起点形成的最短路径，N 为节点个数。

3. 中介中心性

$$Betweenness_i = \sum_{j \neq i = k \in v} \frac{g_{jk(i)}}{g_{jk}}$$

其中，g_{jk}是连接节点 j 和节点 k 之间存在的最短路径数量，$g_{jk(i)}$是节点 j 和节点 k 连接的最短路径经过节点 i 的集合。

（三）QAP 分析

QAP（二次指派程序）是将方阵中对应的各个值进行比较，给出矩阵之间的相关系数，得出矩阵之间的相关关系，并对系数进行非参数检验。本书使用 QAP 方法对浙江省与中东欧国家贸易网络结构演变进行分析，目的在于明晰哪些因素会影响贸易网络的形成，并使用经济规模网络、交通网络等变量对贸易网络结构变化作出解释，进而为推进浙江省与中东欧国家高质量贸易发展提供可参考的依据。QAP 分析方法的优势在于：QAP 分析专门用于网络分析，相较于其他传统方法，QAP 方法不要求变量之间是相互独立的，因此，可以避免自变量之间由于完全共线性和近似共线性，而造成得不到参数估计量或估计量非有效，进而使变量的显著性检验失去意义的情况。QAP 回归分析的目的是探索各因素对进出口贸易之间的相关关系，并根据系数和 P 值判定回归结果。如果 P 值<0.05，就在统计意义上表明所研究的两个矩阵之间存在强关系。

四、数据来源

由于中国—中东欧合作机制至今存在仅十年，为了更准确地探究浙江省与 16 国贸易地位的动态演变，本书选择 2012 年、2015 年、2018 年、2021 年的数据进行分析。其中所涉及的进出口数据来源于联合国商品贸易统计数据库、国研网"国际贸易研究及决策支持系统"，人均生产总值、政治稳定、政府效率等影响因素的数据来源于 WDI 数据库。国家间的进出口数据来源于联合国商品贸易统计数据库，其中包括各个国家所有产品种类的进出口数据，由于不同国家的计算路径不同，从一国出口至另一国的贸易数据可能与另一国进口该国的贸易数据不同，因此，在本章中均采用数据库中从一国向另一国出口的数据。浙江省与其他 16 个国家的数据来源于国研网"国际贸易研究及决策支持系统"，由于中东欧 16 国在贸易数据计算汇总时，较少存在将浙江省单独进行贸易额测算，因此浙江省与其他 16 国的进出口贸易数据均使用浙江省测算的数据。由于中东欧国家出口浙江省的贸易数据存在缺失，本书采用进口额反向填补的方式对缺失数据进行处理。

本书主要研究的是浙江省对中东欧 16 国以及 16 国对浙江省之间的关系，国家内部的贸易不进行分析，因此在矩阵中将对角线的数值都赋值为 0。

在建立无权贸易网络时，有些国家间的贸易联系存在一定偶然性，有些国家数值很小，甚至可以忽略，若将这些情况都视为存在贸易联系，容易得出错误的结论。因此，通过设定阈值筛选网络中的微小贸易量，但若设置的门槛阈值如果过高，则形成的新贸易网络与原网络差异过大，导致结论出错，在本书中，选择 1 亿美元作为阈值展开分析。

第二节
浙江省与中东欧国家贸易网络演化特征

一、浙江省与中东欧国家贸易网络演化分析

（一）整体网络特征

浙江省与中东欧 16 个国家相互之间都有贸易往来，但各个国家之间的贸易强度、贸易能力存在差异，考虑到该因素，本书对 2021 年浙江省中东欧贸易网络分不同阈值进行分析。

在不同阈值条件下，节点数始终不变，边数呈递减趋势。自原网络至阈值 50 000 000 时，边数减少较为明显，此后随着阈值提高，边数减少程度减缓。K-核反映网络中任一节点至少与其他节点相连的情况，根据表 3-1 可以发现随着阈值的提高，K-核是递减的，在阈值 50 000 000 及以上保持不变。通过观察密度、互惠性、网络关联度等指标可以发现，原网络与阈值为 10 000 000 时，指标变小但与原网络的指标值较为接近，当阈值为 50 000 000 至 100 000 000 时，指标减小较为明显，说明在浙江省与中东欧国家中存在贸易体量大的国家也存在贸易体量小的国家，在阈值为 10 000 000 左右时，国家之间的贸易往来差距并不明显，在阈值大于 50 000 000 时，剔除了低于 50 000 000 贸易值的贸易关系，呈现更为紧密的贸易关系。

表 3-1　　2021 年各阈值下整体网络特征

阈值	原网络	10 000 000	50 000 000	100 000 000
Node	17	17	17	17
Ties	272	247	197	175
Avg Degree	16	14.53	11.59	10.29
Indeg H-Index	16	14	11	11
K-core index	16	14	11	11
Deg Centralization	0	0.10	0.31	0.33
Out-Centralization	0	0.10	0.29	0.31
In-Centralization	0	0.10	0.23	0.25
Density	1	0.91	0.72	0.64
Closure	1	0.93	0.84	0.81
Avg Distance	1	1.09	1.29	1.39
SD Distance	0	0.29	0.48	0.54
Diameter	1	2	3	3
Wiener Index	272	297	350	377
Dependency Sum	0	25	78	105
Breadth	0	0.05	0.14	0.18
Compactness	1	0.95	0.86	0.82
Small Worldness	1.314	1.26	1.28	1.34
Mutuals	1	0.87	0.63	0.54
Asymmetrics	0	0.08	0.18	0.20
Nulls	0	0.05	0.18	0.26
Arc Reciprocity	1	0.96	0.87	0.85
Dyad Reciprocity	1	0.92	0.78	0.73

注：根据 ucinet 的结果整理得到。

本书运用 Ucinet 软件对 2012—2021 年浙江省与中东欧贸易网络的密度、互惠性以及平均最短路径分别进行测算并整理，结果如表 3-2 所示。参考其他学者著述，本书选择 1 亿美元作为阈值，在无权贸易网络中，浙江省与中东欧国家以及中东欧国家之间维持着良好的贸易关系。贸易网络的密度值的波动范围在 0.5 和 0.7，2012 年该网络的密度值为 0.515，2013—2014 年，密度值上升，在 2015 年跌至 0.511，为最小值；2015—

2018年密度值增加,其中2017—2018年的密度值增长较多;2019—2020年,该网络的密度保持稳定,在2021年达到最大值,为0.643。总体而言,浙江省与中东欧贸易网络的密度呈波动上升趋势,表明网络的连接程度越来越紧密。

从互惠性的变化趋势中,可以看到,在贸易网络中互惠性值在2012—2021年存在波动,在2015年以及2017年下降,但总体呈现增长趋势,在2018年以后,互惠度值在0.7以上,一直维持在较高的水平,表明浙江省与中东欧贸易网络中各国的地位更加平等。通过观察平均最短路径可以发现,在2012—2016年平均最短路径呈现下降趋势,在2017年提高,随后显著降低,2019—2020年保持不变,在2021年平均最短路径再次明显下降,说明国家之间的联系更为便利。

通过该指标变动可以发现,2015年整体经济状况动力不足,世界工业生产低速增长,贸易持续低迷,金融市场动荡加剧,大宗商品价格大幅下跌,[①] 世界经济整体复苏疲弱乏力,增长速度放缓,因此2015年的贸易网络密度和互惠度都有一定的下降。2017年,中国与中东欧形成多层次、宽领域的经贸合作成果,意识到深化经贸合作有利于中国与中东欧国家实现互利共赢、共同发展。在《布达佩斯纲要》中,明确指出支持在宁波等中国城市设立"16+1"经贸合作示范区,为贸易的进一步发展提供便利。在2017—2018年,在密度、互惠度以及平均最短路径方面都有较为明显的变化。见表3-2。

表3-2　浙江省与中东欧国家贸易网络的整体特征指标

年份	节点数	边数	密度	互惠度	平均最短路径
2012	17	140	0.52	0.61	1.57
2013	17	144	0.53	0.64	1.53
2014	17	145	0.53	0.67	1.53
2015	17	139	0.51	0.66	1.51
2016	17	141	0.52	0.64	1.50
2017	17	144	0.53	0.58	1.52
2018	17	162	0.60	0.71	1.44

① https://www.gov.cn/xinwen/2016-03/07/content_5050333.htm.

续表

年份	节点数	边数	密度	互惠度	平均最短路径
2019	17	157	0.58	0.71	1.46
2020	17	156	0.57	0.73	1.47
2021	17	175	0.64	0.73	1.39

注：根据 ucinet 结果整理得到。

（二）网络节点特征

1. 度中心性

本书构建的是有向网络，在贸易有向网络中，度中心性分为出度中心性及入度中心性，即一国（地区）的贸易出口关系数量及进口关系数量。从表3-3中可以看出，在浙江省与中东欧国家贸易网络中，波兰、捷克、匈牙利、塞尔维亚的出度中心性及入度中心性始终位居前列。保加利亚、克罗地亚、罗马尼亚、希腊、斯洛伐克、斯洛文尼亚等国家的出度中心性及入度中心性仅次于波兰等国家，这些国家在贸易网络中处于重要位置。此类国家出度中心性高于入度中心度，说明这些国家在与他国贸易往来中倾向于输出本国生产的商品。其中，阿尔巴尼亚、波黑、黑山、拉脱维亚等国家的出度中心性较小，入度中心性在2012—2021年有较为明显地增长，说明在与浙江省、中东欧其他国家贸易往来中，更多地倾向于进口商品。浙江省的出度中心性远大于入度中心性，2021年浙江省对波兰的出口贸易量为2012年出口量的2.5倍，2021年浙江省从波兰进口商品为2012的2倍，浙江省对于中东欧国家的进出口额总体呈现增加态势，在不断扩大出口的同时也加强进口贸易联系。

表3-3　　　　浙江省与中东欧国家贸易网络的度中心性

国家/地区	2012年		2015年		2018年		2021年	
	Outdeg	Indeg	Outdeg	Indeg	Outdeg	Indeg	Outdeg	Indeg
浙江省	13	1	13	1	12	3	13	5
阿尔巴尼亚	1	2	1	3	2	5	3	8
波黑	4	8	5	6	8	8	8	11
保加利亚	10	10	10	10	10	11	12	11
克罗地亚	10	11	10	10	11	12	13	11

续表

国家/地区	2012年		2015年		2018年		2021年	
	Outdeg	Indeg	Outdeg	Indeg	Outdeg	Indeg	Outdeg	Indeg
捷克	12	10	12	11	14	13	14	14
爱沙尼亚	2	5	2	5	4	6	3	7
匈牙利	13	10	13	11	14	12	15	13
拉脱维亚	2	6	3	6	3	6	4	6
北马其顿	3	7	4	7	6	10	11	11
波兰	13	12	13	12	14	12	15	13
罗马尼亚	11	10	10	11	12	13	13	12
塞尔维亚	12	14	13	13	13	14	13	14
斯洛伐克	10	9	10	9	13	11	14	10
斯洛文尼亚	11	11	10	11	12	11	12	12
黑山	2	5	0	4	1	5	1	5
希腊	11	9	10	9	13	10	11	12

注：根据 ucinet 的结果整理得到。

2. 接近中心性

从反映独立性的接近中心性来看，波兰、捷克、匈牙利、塞尔维亚在浙江省与中东欧贸易网络中的出接近中心性达到 0.8，处于重要位置，匈牙利、波兰在 2021 年出接近中心性达到 0.9 以上。说明该类国家在中东欧贸易网络中独立展开贸易能力较强。浙江省的出接近中心性与入接近中心性存在差距，出接近中心性的值与捷克等国齐平，但入接近中心性与阿尔巴尼亚相似，说明浙江省在与中东欧出口贸易中较为重要。见表 3-4。

表3-4　　　　浙江省与中东欧国家贸易网络的接近中心性

国家/地区	2012年		2015年		2018年		2021年	
	OutClose	InClose	OutClose	InClose	OutClose	InClose	OutClose	InClose
浙江省	0.84	0.46	0.84	0.44	0.80	0.52	0.84	0.55
阿尔巴尼亚	0.47	0.44	0.47	0.49	0.49	0.57	0.50	0.67
波黑	0.50	0.67	0.57	0.57	0.67	0.67	0.67	0.76
保加利亚	0.73	0.73	0.73	0.67	0.73	0.76	0.80	0.76

续表

国家/地区	2012年		2015年		2018年		2021年	
	OutClose	InClose	OutClose	InClose	OutClose	InClose	OutClose	InClose
克罗地亚	0.70	0.76	0.73	0.67	0.76	0.80	0.84	0.76
捷克	0.80	0.73	0.80	0.70	0.89	0.84	0.89	0.89
爱沙尼亚	0.49	0.52	0.49	0.52	0.55	0.57	0.53	0.59
匈牙利	0.84	0.73	0.84	0.70	0.89	0.80	0.94	0.84
拉脱维亚	0.49	0.53	0.50	0.53	0.52	0.57	0.55	0.57
北马其顿	0.50	0.59	0.52	0.55	0.62	0.73	0.76	0.76
波兰	0.84	0.80	0.84	0.73	0.89	0.80	0.94	0.84
罗马尼亚	0.76	0.73	0.73	0.70	0.80	0.84	0.84	0.80
塞尔维亚	0.80	0.89	0.84	0.76	0.84	0.89	0.84	0.89
斯洛伐克	0.73	0.70	0.73	0.64	0.84	0.76	0.89	0.73
斯洛文尼亚	0.73	0.76	0.73	0.70	0.80	0.76	0.80	0.80
黑山	0.47	0.55	0.25	0.53	0.47	0.55	0.47	0.55
希腊	0.76	0.70	0.73	0.64	0.84	0.73	0.76	0.80

注：根据 ucinet 结果整理得到。

3. 中介中心性

中介中心性体现了国家在贸易网络中的桥梁作用，根据 Ucinet 所得结果对浙江省与中东欧 16 个国家的中介中心性进行排序可以发现，在 2012 年、2015 年，波兰位于首位，中介中心性达到较高的数值，波兰地处欧洲中心地区，连接东西欧优势明显，门户作用突出，可辐射整个欧洲市场。同时，波兰在中东欧国家中先于其他国家与中国建立密切的合作关系，中波贸易不断增长，增长态势比较明显。2012 年，在波兰首都华沙举行了首届中国—中东欧国家领导人会晤，政治上不断提升中波双边关系。在 2018 年、2021 年，塞尔维亚的中介中心性高于波兰，同时，各个国家的中介中心性的差距减小。近年来，中国和塞尔维亚的关系越来越紧密，两国在贸易、投资、基础设施建设等领域合作不断深化。可以看出，在浙江省与中东欧国家开展贸易合作以来，为各个国家带来了益处，贸易联系更加紧密。见表 3-5。

表 3-5　　浙江省与中东欧国家贸易网络的中介中心性

2012 年		2015 年		2018 年		2021 年	
波兰	48.68	波兰	39.16	塞尔维亚	28.87	塞尔维亚	24.09
塞尔维亚	37.76	塞尔维亚	33.65	捷克	19.53	波兰	18.36
希腊	19.05	捷克	12.46	波兰	17.77	捷克	17.28
克罗地亚	11.68	匈牙利	11.75	罗马尼亚	12.72	匈牙利	12.71
匈牙利	8.30	希腊	9.71	希腊	11.80	希腊	6.77
捷克	7.45	克罗地亚	5.94	匈牙利	11.05	罗马尼亚	5.06
斯洛文尼亚	7.06	罗马尼亚	3.97	斯洛伐克	5.89	斯洛伐克	5.05
保加利亚	5.04	斯洛文尼亚	3.97	克罗地亚	4.23	北马其顿	4.67
斯洛伐克	2.81	保加利亚	3.70	斯洛文尼亚	3.37	克罗地亚	3.68
罗马尼亚	2.12	斯洛伐克	2.09	波黑	1.14	斯洛文尼亚	3.15
浙江省	1.74	波黑	1.58	保加利亚	1.00	波黑	2.01
波黑	1.31	浙江省	0.87	浙江省	0.98	保加利亚	1.05
北马其顿	0.63	拉脱维亚	0.75	爱沙尼亚	0.42	浙江省	0.54
拉脱维亚	0.25	北马其顿	0.39	阿尔巴尼亚	0.11	拉脱维亚	0.33
黑山	0.11	阿尔巴尼亚	0	北马其顿	0.11	爱沙尼亚	0.17
阿尔巴尼亚	0	黑山	0	黑山	0	阿尔巴尼亚	0.09
爱沙尼亚	0	爱沙尼亚	0	拉脱维亚	0	黑山	0

注：根据 ucinet 的结果整理得到。

第三节
浙江省与中东欧国家贸易网络的影响因素

一、变量选取与模型设定

贸易网络特征的变化会受到国家间差异的影响，在参考相关研究的基础上，考虑到两国经济发展水平、两国间交通设施等可能会影响贸易的发展，因此本书从经济、人口、政治环境、物流四个维度探究浙江省与中东欧贸易网络贸易演化的影响因素。

（一）经济发展水平

国家间的经济发展反映一国的消费需求水平与消费能力，鉴于浙江省与中东欧国家在生产总值以及人口上存在一定差距，本书收集浙江省以及中东欧各国人均生产总值数据，用人均 GDP 差值绝对值代表国家经济发展水平差距，进一步来考察贸易网络。

（二）人口

人是经济活动的主体，不仅作为生产力的决定性要素参与直接生产过程，而且还作为消费主体成为生产过程的终点和归宿。一国人口数量代表着该国的消费水平与需求规模。

（三）政治环境

中国与中东欧国家贸易合作充分发挥浙江省在中东欧合作中的综合优势，以制度支撑合作，实施一批又一批与中东欧合作的示范项目。政治稳定反应了国家整体政治环境，政府效率反映了政府的办事能力以及政策制定和执行的能力。一国的政府效率会影响到贸易政策和营商环境，监管质量反映了人们对政府制定和实施许可、促进私人部门发展的政策法规的能力的看法。本书采用全球治理指数中政治稳定、政府效率、监管质量指数考察对于浙江省与中东欧国家贸易网络是否有影响。

（四）物流

物流作为各个国家参与全球竞争的一项战略资源，[1] 物流绩效指数的综合分数反映了国家清关程序的效率、贸易和运输质量相关基础设施的质量、物流服务质量等指标，指数范围从 1 至 5，分数越高代表绩效越好，物流绩效指数差值越小说明国家间的物流发展水平差距越小，越有可能发生强贸易关系，促进国家之间进行商贸往来。本书选取物流绩效指数中清关程序的效率、贸易和运输相关基础设施的质量、物流服务的能力和质量作为影响因素考察浙江省与中东欧贸易网络。中欧班列的运输服务有助于

---

[1] https：//wiki. mbalib. com/wiki/%E7%89%A9%E6%B5%81%E7%BB%A9%E6%95%88%E6%8C%87%E6%95%B0。

跨国企业降低流通环节总库存，提高市场响应速度。中欧班列为浙江省与中东欧国家商贸往来提供了强力运输保障。本书选取是否在同一条运输线路上作为影响因素考察浙江省与中东欧贸易网络。

基于以上分析，模型的设定如下：

$$Q = f(perGDP、people、zzwd、zfxl、jg、qg、wl、jcss、zobl)$$

其中，Q 代表加权和非加权贸易网络。perGDP、people、zzwd、zfxl、jg、qg、wl、jcss、zobl）分别代表人均国内生产总值差值矩阵、人口之和矩阵、政治稳定之和矩阵、政府效率之和矩阵、清关之和矩阵、监管之和矩阵、物流水平之和矩阵、基础设施之和矩阵、中欧班列矩阵。

二、实证结果分析

本书对 2015、2018、2021 年的上述被解释变量和解释变量逐年进行 QAP 回归，随机置换次数选择 2000 次，经过整理得到加权与非加权贸易网络 QAP 回归结果。

（1）人均国内生产总值差值矩阵。该变量的系数在 −0.13111 至 −0.08642，表明人均国内生产总值对浙江省与中东欧贸易网络的发展确实有负向影响。这可能是因为两个国家之间的经济规模存在差距，人民生活水平存在差异，造成贸易往来联系较少，不利于贸易额的增加。

（2）人口。该变量的系数为正且在 2015 年及 2021 年通过显著性检验，在一定程度上表明人口对浙江省与中东欧贸易网络的发展具有正向的影响。人口越多，消费需求越多，若自身供应能力无法满足国内的需求，则会选择扩大进口，进一步促进贸易网络联系加强。

（3）政治稳定和值矩阵。政治稳定的回归系数一直是正数并且均通过了 5% 的显著性检验，说明两国之间形成稳定安全的政治环境会促进浙江省与中东欧国家贸易的增加。浙江省与中东欧国家自合作以来，各个国家都积极建立贸易合作关系，稳定的政治环境可以吸引外商投资，促进国内市场的繁荣，提高国家的经济实力，形成更为紧密的贸易网络。

（4）政府效率和值矩阵。该变量的系数为负且在 2015、2018、2021 年均通过 5% 显著性检验，由于政府效率涉及政府政策制定和实施能力以及兑现政策承诺的可信度，政策的制定、实施、生效均会对企业决策产生影响，进而影响贸易网络。

(5) 监管和值矩阵。监管的回归系数在 2015 年及 2021 年分别通过 10%、5% 的显著性检验，表明双方监管能力对浙江省与中东欧贸易网络的发展确实有正向影响。监管能力越强，政府为促进私人部门发展所颁布的政策法规越有利于激发贸易活力。

(6) 清关和值矩阵。该变量在 2015、2018、2021 年均未通过显著性检验，在一定程度上表明程序的效率对浙江省与中东欧贸易网络的发展并没有明显的影响。国家之间清关程序的效率高低并不显著影响贸易网络。

(7) 基础设施差值矩阵。基础设施的回归系数一直是正数，说明两国之间贸易和运输相关基础设施的质量差距越大，越显著地影响贸易网络发展。中国与中东欧国家自合作以来，积极参与建设中东欧国家设施建设，项目合作的成立为当地创造大量就业机会和税收收入，同时密切了贸易联系。

(8) 物流和值矩阵。物流服务的能力和质量因素在 2018 年通过 5% 显著性检验，说明物流服务的能力越强、质量越高，越有利于双方贸易开展。

(9) 中欧班列。该要素在 2015 年系数为负，在 2018 年及 2021 年系数为正，且在 2021 年通过 10% 显著性检验。中欧班列可以提供快速、可靠的货运服务，大大缩短了跨国贸易的时间和成本。义新欧是浙江省通往中东欧国家的铁路路线，缩短了中国与中东欧国家之间的物流时间，加快了商品的交付速度。见表 3-6。

表 3-6　2015 年、2018 年、2021 年浙江省与中东欧国家贸易网络加权 QAP 回归结果

	2015 年		2018 年		2021 年	
	加权	无权	加权	无权	加权	无权
perGDP	-0.13	-0.12	-0.10	-0.08	-0.09	-0.03
	0.06	0.02	0.10	0.12	0.14	0.33
People	0.24	-0.03	0.10	-0.17	0.44	0.08
	0.04	0.40	0.27	0.22	0.00	0.32
GS	0.55	0.44	0.41	0.32	0.41	0.40
	0.01	0.00	0.00	0.07	0.02	0.03

续表

	2015 年		2018 年		2021 年	
	加权	无权	加权	无权	加权	无权
GE	-0.44	-0.64	-0.30	-0.33	-0.34	-0.14
	0.02	0.00	0.04	0.12	0.02	0.25
SU	0.19	-0.03	0.13	-0.20	0.39	-0.33
	0.10	0.39	0.16	0.15	0.05	0.12
CU	-0.02	-0.09	-0.16	-0.03	-0.12	-0.08
	0.49	0.25	0.15	0.42	0.21	0.34
Inf	0.04	0.16	0.05	0.20	0.03	0.13
	0.01	0.01	0.00	0.00	0.07	0.03
Log	0.18	0.65	0.44	0.50	-0.11	0.11
	0.14	0.00	0.02	0.03	0.30	0.29
Tra	-0.02	0.20	0.00	0.28	0.17	0.38
	0.44	0.01	0.42	0.00	0.06	0.00

注：根据 ucinet 结果整理得到。

三、结论

本章利用社会网络分析方法，基于 UNcomtrade 数据库，构建 2012—2021 年浙江省与中东欧贸易动态网络，并对其网络密度、互惠性、平均最短路径和中心性特征进行分析，同时通过 QAP 回归方法对其影响因素进行探究，结论如下：（1）浙江省与中东欧的贸易关系一方面受到国际大环境的影响，密度整体呈现上升趋势，互惠度不断提高，平均最短路径不断降低，但在各别年份受到外部环境影响会产生波动；另一方面浙江省与中东欧贸易网络得益于浙江省与中东欧国家展开的一系列合作交流，在 2018 年以后，整体向好趋势不断加深。（2）对中东欧各个国家进行分析，中东欧 16 个国家中，处于核心位置的国家较为稳定，主要是波兰、捷克、匈牙利、塞尔维亚，这四个国家拥有高出入度中心性及高出入接近中心性。其中波兰与塞尔维亚在 2012—2015 年在贸易网络中起到重要的中介作用，随着国家与国家的贸易合作建立、贸易项目实施，波兰的中介优势并不十分明显，捷克、罗马尼亚的中介中心性不断提升。（3）浙江省与中东欧的贸易网络受到人口、政治稳定、政府效率、监管、基础设施、中欧班列等因素影响。国家间人口越多、需求越多,越能加深贸易联系,政治环境稳定,政府效率高以及监管力度强也能促进贸易合作,贸易的开展离不开物流运输,中欧班列运距短、速度快、安全性高,其中义新欧铁路为浙江省与中东欧国家提供了高效便捷的物流服务。

本章的研究结论具有如下启示:(1)浙江省与中东欧国家要稳定进行贸易往来需要国家之间营造良好的政治环境,推动"道路畅通"。首先,只有在政治稳定的环境下,各国之间才能建立起互信互利的合作关系,稳定的政治环境可以吸引更多外资流入,增加就业机会,推动经济增长。其次,各国应进一步加快基础设施的建设,国家之间基础设施差距在一定程度上促进了贸易联系,但随着基础设施完善可以降低因地理距离和交通不便等问题所带来的运输成本增加,铺就互联互通的发展之路。(2)浙江省作为外贸大省应当勇立潮头,通过持续加码的开放举措,不断扩大中东欧经贸"朋友圈",释放强劲的"磁吸力"。浙江省宁波市作为首个中国—中东欧经贸合作示范区,积极开办中东欧博览会等一系列展会,网络中心性出口指标方面与部分中东欧核心国家接近,但在进口方面与中东欧国家联络并不十分紧密。通过持续推动双方贸易往来,有利于提高浙江省在中东欧贸易网络中的核心位置。

第四章

浙江省与波兰贸易合作的典型事实

为进一步落实"一带一路"倡议,深化浙江省和波兰在中国—中东欧国家合作机制中的积极作用,浙江省与中东欧国家的产业合作呈"规模扩大化、领域宽泛化、方式多样化"的特点,深度推进浙江省"品质浙货,行销天下"工程的重要行动,探索共商共建浙江省与中东欧深化贸易合作的创新样板。波兰是中东欧地区传统大国,是中国—中东欧国家合作机制的重要成员,经济发展潜力大,是欧盟经济增长最快的国家之一。波兰也积极参与"一带一路"建设和中国—中东欧区域合作,在经贸和政治领域与中国建立更为密切和互信的关系,期望拥有更为紧密的合作关系。

第一节
贸易合作的平台

展会是促进贸易的有效方式,可以为企业间直接对话、交流经验以及建立业务联系提供契机。浙江省企业积极参加在波兰举办的各类展会,把优质产品带给波兰用户,波兰企业也通过展会,把更多波兰优质、特色产品介绍给中国消费者。通过展会更有利于发挥自身的资源优势,增加商品贸易往来,促进双方关系进一步发展,实现双方合作共赢。自 2012 年中国与中东欧国家合作开展,我国不断举办展会来深化落实合作,以自身的行动来证明对合作的决心,期望能够将合作扎实推进。

2011 年 9 月,在波兰华沙举办了中国(波兰)商品出口展,① 这是首届中国(波兰)出口商品展,波兰副总理、经济部长帕夫拉克为展会发来贺词和期望。在该展会结束,中国驻波兰大使也表达了希望并愿意多搭建一些交流平台以促进两国关系的全面发展,造福于两国人民。在第四届中国出口商品展中,中国驻波兰大使徐坚、波兰总统办公厅国务秘书杰孔斯基、波兰政府办公厅国务秘书延德热依查克、波兰议会、外交部、经济部、波兰信息和外国投资局、波兰银行协会、波兰商会及各级行政机构的代表出席了此次开幕式。可以看出经过几年的发展,中国出口商品展已被公认为一年一度在波兰华沙举办的中波经济和文化交流的盛会,② 其重要性不断提高。

中国(波兰)贸易博览会作为中国与中东欧合作确定后举办的首个贸易博览会,其意义与影响深远。中国自 2012 年开始举办中国(波兰)贸易博览会,是中国在境外自主举办的第二大展会,并且是欧洲议会首次支持的展会项目。在 2017 年成为中东欧地区有政治和经济影响力的展会,是中国和中东欧国家重要的贸易服务平台。中国(波兰)贸易博览会自举办至今大多由杭州市人民政府主办、米奥兰特国际会展公司承办,从中可见浙江省在承接中国(波兰)贸易博览会的突出担当与举办中国(波兰)贸易博览会的杰出能力。

2015 年 6 月 8—11 日,首届中国—中东欧国家投资贸易博览会在宁波举办。通过举办投资洽谈、展览交易、会议论坛、人文交流四大板块 58 项重点活动,为搭建中国与中东欧国家经贸合作大平台、提升浙江省参与国际交流合作水平、加快宁波港口经济圈建设等起到了有力的促进作用。③ 由于第一届在宁波成功举办,得到了国家以及地方政府的充分肯定和中东欧国家的广泛赞誉。在 2015—2018 年又举办了四届中国—中东欧国家投

---

① https://news.ifeng.com/c/7faLGsV5Don.
② http://www.plchinese.pl/?action-viewnews-itemid-2076.
③ http://www.xinhuanet.com/politics/2015-06/13/c_127911073.htm.

资贸易博览会，在 2019 年更名为中国—中东欧国家博览会暨国际消费品博览会，升格为国家级机制性展会，是目前唯一聚焦中国—中东欧国家合作的国家级展会。更名后的首届中东欧博览会在浙江省宁波市举办，分会议论坛、展览展示、经贸洽谈、人文交流和主宾国主宾省五个板块，共 25 项活动。该展会以"深化开放合作、携手互利共赢"为主题，邀请 2000 多位境内外嘉宾，围绕"一带一路"建设、优化营商环境、国际投资合作等热点问题进行探讨交流。安排了中国—中东欧国家合作论坛、投资合作洽谈会、外资企业圆桌会议等 20 多场经贸活动，设置了总面积 11 万平方米的展览，邀请了 3500 多家各类采购商和投资商参会，充分展现了开放创新、求实共赢、安全节俭的原则，不断朝着全方位、多层次、宽领域的全面开放新格局前进。宁波在举办中东欧博览会中发挥着重要的作用，积极推进中东欧博览会成果转化工作，争取中东欧博览会的永久举办权。在之后 2021 第二届中东欧博览会以及 2023 第三届中东欧博览会都起到了提供场地、举办活动的作用，成为中国—中东欧国家经贸合作的重要桥梁和纽带。

  2015 年，首届中东欧国家特色商品展亮相宁波，该商品展于首届中国—中东欧国家投资贸易博览会期间初建成型，[①] 是中国—中东欧国家博览会的重要组成部分，是中东欧国家特色商品进入中国的一个窗口。中东欧国家特色商品展在宁波国际会展中心 1 号馆举行，来自中东欧 16 个国家 3 000 多种特色商品，主要包括葡萄酒、啤酒、果汁、矿泉水、巧克力、饼干等食品饮料，还有琥珀、蜜蜡饰品和水晶工艺品、香草、薰衣草精油等美容产品、个人护理用品、清洁用品及婴童用品等。

  2018 年浙江省出口商品（波兰）交易会由浙江省商务厅主办，在波兰华沙国际展览中心隆重开幕。此次交易会浙江省共组织了 96 家企业参展，共计展位 150 个，展出面积 1 350 平方米，此次展会持续三天，产品涉及建筑照明、街道路灯、信号灯、办公室照明、家居装饰照明、LED 及其应用程序、医疗、美容用照明设备等，[②] 以展中展的形式，借助第 26 届波兰国际照明设备展览会专业平台同期举办。2019 年浙江省出口商品（波兰）交易会中，浙江省参展企业 131 家，展位 150 个，展出面积超

[①] 段小红，伍婵提. 中东欧国家特色商品常年展发展的研究［J］. 中国商论，2016，678（11）：128－129＋134.

[②] http://www.zcom.gov.cn/art/2018/1/31/art_1401753_15484114.html.

1 350 平方米，参展的企业都是"浙江省制造"的典型代表，展出的都是浙江省优质产品，主要有三防灯、面板灯、泛光灯、太阳能照明灯、照明驱动、电源等，该展与波兰国际照明设备展同期举办，依托波兰国际照明展的国际影响力和买家资源，抢占市场份额，扩大浙江省照明产品在中东欧市场知名度和影响力，深化与中东欧国家的贸易合作。该展会是浙江省参与"一带一路"建设的重要举措，是深度推进浙江省"品质浙货，行销天下"工程的重要行动，也希望依托波兰国际照明展的国际影响力和买家资源，探索共商共建浙江省与中东欧深化贸易合作的创新样板。

2020 浙江省出口网上交易会（波兰站—纺织专场）由浙江省商务厅主办，浙江省三博会展股份有限公司承办，展开为期五天的网上交易会。波兰是全欧盟为数不多的纺织服装生产量持续增长的国家之一，成衣是波兰纺织品进口的主要产品，46% 的纺织品进口为成衣，面料辅料是波兰第二大类纺织品进口产品。此次网上交易会以线上云展会的模式开展，有来自波兰及周边国家的 300 余家纺织行业相关采购商登录浙货云展平台，实现在线精准洽谈、精准对接、精准匹配进行线上观展及采购对接。本次展会应采购商的需求，分为纺织服装、服饰、面料三个展区，优选 40 余家来自嘉兴、绍兴、杭州、金华等地的浙江省纺织企业参展。①

第二节
贸易合作的范围

中国（波兰）贸易博览会分为家居和工业两大主题，有来自全国各个省份的企业参会，且企业参会数量不断增加，展区数量根据每年的情况会有所不同，如第六届中国（波兰）贸易博览会设置了家纺、家电、工业机械、电力新能源等十大展区；第七届中国（波兰）贸易博览会则细分为 14 个展区；第十二届中国（波兰）贸易博览会由八大专业展组成、其所包括的展区涉及各个方面，涵盖范围广，如纺织服装展、工业机械展、家

---

① https：//www.sohu.com/a/426 508 995_100 144 372？qq－pf－to＝pcqq.c2c.

用电器展、家居礼品展、建材五金展、美容美发展、消费电子展及汽车、摩托车零配件展，且这些专业展在经过多年的贸易往来后，所涉及的贸易商品不断增加。

纺织服装展全面布局行业全产业链，从研发到设计、设备、技术服务、原材料到面辅料，集中海外优质纺织服装采购渠道资源，聚合服装定制品牌商、制造商、设计师等产业链群体，再塑纺织服装行业新格局。与中国纺织企业共同打造更具竞争力的纺织服装专业展，催生行业联动、上下游协同的产业新格局。

工业机械展主打七大品类：工程机械、泵阀、包装机械、塑料机械、机床设备、农业机械、纺织机械。工业机械展给参展商提供了一个稳固且商机无限的展示平台。在工业机械展上，发展潜在客户，会见新客户与市场分销商，从而达成销售目标，推出新产品以及拓宽业务范围。

家居礼品展为来自全球的礼品公司、批发商、零售商等提供观摩样品、洽谈合作的高效贸易平台。展品范围包括礼品、工艺品、家居用品、宠物用品、健身器材等众多品类。家居礼品市场蕴含着巨大的商机和不可限量的发展前景，家居礼品展为中国企业与海外买家搭建了贸易桥梁。

建材五金展为来自全国各个省份的数千家五金建材外贸企业，提供海外市场开拓、热门资讯、买家匹配和洽谈合作的高效贸易平台。展品范围包括卫浴、门窗、地铺材料、钢结构、建筑五金、紧固件、阀门轴承、手动/电动工具等众多品类，吸引数万名当地建造商、业主、设计公司、进口贸易商、经销商等专业买家关注。

家用电器展已成为颇具规模、高度专业的展会，得到众多国际采购商的青睐。展会汇聚了家电行业龙头企业，为企业拓宽贸易渠道、全面接触当地市场、展示行业新技术搭建平台。

消费电子展旨在帮助中国消费电子企业在全球拓展业务。展会涵盖了移动电子配件、充电能源、音频产品、智能物联、汽车电子、电子个护产品、电脑及电脑周边、科技及户外电子等多个品类。在消费电子行业，波兰的市场规模在2021年达到10亿欧元左右。[1] 这为海内外消费电子上下

---

[1] https://www.mffb.com.cn/news/show-17058.html.

游产业提供了高效的零距离对接，为品牌推广提供了理想的平台和机会，帮助中外企业建立合作伙伴关系。

美容美发展为广大海外专业买家与来自中国的品牌、优质制造商、外销公司提供交流机会，展示美容工业最新发展趋势、介绍主流新产品、增加中国企业产品市场占有率、结识新生意伙伴。近年来，美容、美发和SPA行业在海外飞速发展，这主要是由于经济的提升以及适龄人口数量的增长，使人们对美容化妆品产品及服务的需求激增，而美容行业日益专业的分工和服务的多样性也促进了行业发展。

汽车、摩托车零配件展发展规模相当快，展出品类包括：系统配件、汽修保养、音响娱乐、汽修综合、装饰配件、汽车零部件、摩托车配件等。此展全面地融合了产业价值链中的技术和产品，为企业产品推广、行业采购和技术交流提供一站式服务。[①]

宁波市还升级"中东欧联络官"机制，采取一人对一国的形式，全面服务中东欧经贸领域合作。联络官动态收集并研究对应国家的产业、政策等信息，聚焦企业的具体合作诉求，衔接中东欧国家贸促机构及驻华使领馆的全年工作计划，组织线上线下经贸活动。波兰驻沪总领事马莱克·切谢尔楚克曾经表示，"宁波是中国与中东欧国家合作的典范之城，我们在宁波得到了多方面的有力支持"。

第三节
贸易合作的线上线下融合

2020年新冠疫情暴发，这是一次重大突发公共卫生事件，对中国是一次危机，也是一次大考，[②] 在一定程度上影响了贸易的发展，贸易洽谈、博览会的举办都受到影响，对国家与国家之间的贸易往来也造成了一定的冲击。在此期间，我国积极应对，统筹推进促进外贸稳增长等其他重点工

---

① http://www.e-ceec.org.cn/cn/news/ExpoNews/detail?id=8036943e-1b80-4829-b5c6-edfcea2539f7.

② http://www.gov.cn/xinwen/2020-06/07/content_5517737.htm.

作任务的落实，通过线上线下融合发展，有效降低新冠疫情对经济的影响。

第九届中国（波兰）贸易博览会暨服务贸易博览会于 2020 年 11 月 12 日在华沙 PTAK 展览中心开幕，但由于疫情的影响，更改为线上举办。第二届中东欧博览会本应该在 2020 年举行，虽受疫情影响延期，但推动双方进一步扩大合作的努力从未停止。在 2021 年 6 月 8 日至 11 日在宁波举办了第二届中东欧博览会。此次博览会由浙江省人民政府、商务部共同主办，宁波市人民政府等单位承办。① 为了深入贯彻落实 2021 年中国—中东欧国家领导人峰会精神，以"构建新格局，共享新机遇"为主题，采取线上线下相结合的形式举办。此次博览会展览面积大、参展企业多、参展商品全，展览面积超过 20 万平方米，共有 425 家中东欧国家企业和代理商参展，全国 28 个省、市、自治区代表团参会，采购商超过了 7 000 家。一共安排会议论坛和经贸合作 20 项活动和贸易展览，涵盖经贸、农业、教育、人文等领域，紧紧围绕高质量建设中国—中东欧国家经贸合作示范区，推进内外循环互促、线上线下融合发展，在更大范围、更广领域、更高层次深化与中东欧国家贸易、投资和人文交流合作，进一步把博览会打造成中国与中东欧国家务实合作的首选平台、对接欧洲经济圈的重要通道。此次博览会取得了丰硕的成果，共达成中东欧国家商品采购意向 74.63 亿元，其中食品饮料、酒类、化妆品及个护用品以及大宗商品成为最受欢迎的商品。② 与此同时，提振了中东欧国家对华合作的信心，增强了中东欧国家扩大对华出口的动力，推动有关各方深入挖掘合作潜力、拓展合作空间。

第十一届中国（波兰）贸易博览会 2022 年 11 月 23 日在华沙 PTAK 展览中心开幕，此次波兰博览会汇聚民族品牌企业，数百家行业领军企业前来参展，展览面积达到 7 000 平方米。此次展会首次同时采用创新的

---

① https：//baike.baidu.com/item/%E7%AC%AC%E4%BA%8C%E5%B1%8A%E4%B8%AD%E5%9B%BD%E2%80%94%E4%B8%AD%E4%B8%9C%E6%AC%A7%E5%9B%BD%E5%AE%B6%E5%8D%9A%E8%A7%88%E4%BC%9A%E6%9A%A8%E5%9B%BD%E9%99%85%E6%B6%88%E8%B4%B9%E5%93%81%E5%8D%9A%E8%A7%88%E4%BC%9A/62 980 269？fr = ge_ala.

② https：//baijiahao.baidu.com/s？id = 1702804885 969 923 040&wfr = spider&for = pc.

"双线融合"办展方式和展会+包机的创新行动,"展品出海、展商上线、买家到场、即时商洽"的境外自办展新模式,为中国外贸企业获取国际订单提供了新的渠道。① 以"境内线上对口谈、境外线下实体展"的办展模式亮相,将线上渠道与线下办展进行融合。数百家中国外贸企业、数万件中国制造产品齐聚波兰华沙,借助米奥兰特海外展览贸易平台"走出去",与来自波兰及周边国家的专业采购商近距离接触,开拓中东欧市场,促进外贸增长。

中东欧商品云上展是中东欧及全球特色商品多元展示、便捷采购、精准对接、信息交互的数字化平台,以"线上展览+常态服务"的形式进行。② 为帮助中东欧企业应对疫情、争取订单,于2020年6月8日搭建了此平台,是中国—中东欧国家博览会的365天一站式在线服务平台,提供一站式在线洽谈服务,云上展提升了中东欧商品在国内市场的认知度,为中东欧经贸合作注入了新动能。③ 2020年6月8日至14日,宁波作为全国唯一的中东欧经贸合作示范区,探索"云上展"的形式,借力现代数字技术把线下的国际展会搬到网上,打造集云展示、云采购、云对接、云服务、云销售五大核心功能于一体的中东欧商品云上展。④ 其中云展示是通过云上展平台以中东欧国家为重点,设置18个展馆,涵盖8大门类商品,通过图文、视频、直播等形式全方位展示企业及产品信息,让客商"近距离"与产品接触,"零距离"探厂看展。云采购则是聚集中国专业的进口商、代理商、批发商等各类采购企业,实现企业信息发布、询盘洽谈、订单存储等功能,将线下交易流程转移至云端,实现采购数字化、订单管理系统化,致力于打破境外展商和国内采购商的信息隔阂,协助客商开拓线上业务。云对接是采取"智能对接+人工推荐"的方式,客商可根据自身

---

① https://www.360kuai.com/pc/detail? pg = 2&u = ff8b9da8d9a95969667d41fc4e9a7df5&gzh = 2746995686&url = http%3A%2F%2Fzm.news.so.com%2F68d24b39d2217a3baa00db9a459ab40b&check = eea25a9620b94ab5&ucheck = 6e13174fcb3c3c9c019519801b8f60ae&uid = ff8b9da8d9a95969667d41fc4e9a7df5&360newsdetail = 1&c = detail&apiflag = detail&sign.

② http://www.cubn.com.cn/portal/article/index/id/41683.html.

③ https://mp.weixin.qq.com/s?__biz = MzU0NzcOMjU3Nw = = &mid = 2247490908&idx = 1&sn = 236b8266807df6fcddb010f3a1f8f015&chksm = fb48eb42cc3f625434eaaa407433e76acc445291f9864818c3b61c7bebffe12e80591841b4a3&scene = 27.

④ http://swj.ningbo.gov.cn/art/2020/6/9/art_1229051967_47406958.html.

需求进行定向站内搜索、提交对接意向，也可以根据智能推荐和人工协助进行匹配对接，确保供采双方精准、有效、便捷匹配。云销售通过打造"电商+网红+直播"新模式，与电商平台合作，形成 B2B+B2C 交互融合经营模式，构建全链条线上销售网络。同时通过腾讯看点直播、抖音等新媒体，启动全渠道营销推广，提升中东欧商品知名度和美誉度。云服务平台为入驻企业提供政策咨询、产品推广、电商运营指导、跨境零售培训、在线对接洽谈、中英文翻译辅助等一系列服务，在云端可及时了解中国经贸政策、市场动态等。通过云上展可以密切中国企业与中东欧国家供应商的贸易往来，宁波也在完善"中东欧商品云上展"平台，对通过"云上展"实现成交的企业予以政策支持，为广大参展商和采购商带来更优质的体验，持续推动宁波打造成为中东欧商品进入中国市场的首选之地。[1] 宁波还将完善"中东欧商品云上展"平台，对通过云上展实现成交的企业予以政策支持，为广大参展商和采购商提供更优质的体验。目前，平台已为 800 多家中东欧展商提供数字展厅，已入驻采购商 5 000 余家。[2]

2022 年宁波的"云甬中东欧"系列活动开展了 10 场以上相关经贸活动，既有云销售、云直播、云推介、云对接等线上活动，又有促消费等线下活动。相比往年，2022 年的活动更加注重优势特色产业合作。除农产品、乳制品等传统优势产品对接会，还安排数字经济、医疗健康、服务贸易等新兴领域的路演活动，精心挑选全国采购企业参与对接。同时，邀请各国政府经贸主管机构、商协会、企业共同策划活动方案，不断拓展共商共办的深度和广度。2022 年 5 月，宁波市还启动了"2022 嗨购中东欧"活动，宁波市政府投入专项资金分批发放 500 万元中东欧商品专属消费券，支持消费者线上线下选购中东欧商品，推出 4 000 余款中东欧商品，掀起民众抢购中东欧商品的热潮。[3] 截至 6 月 7 日已有 40 余家企业、4 000 多款商品参与，带动销售额 520 万元，7—8 月还有中东欧商品进社区活动，助力中东欧好物走进千家万户。

---

[1] https：//baijiahao.baidu.com/s? id=1668975879877083228&wfr=spider&for=pc.
[2] https：//rmh.pdnews.cn/Pc/ArtInfoApi/article? id=29162036.
[3] https：//www.chinanews.com/sh/2022/06-08/9775023.shtml.

第四节
贸易合作的形式

对外贸易和投资是我国经济发展的重要推动力量，也是畅通国内国际双循环的关键枢纽。因新冠疫情不断反复导致全球供应链出现危机，引发货物短缺和物流堵塞，使得很多中国厂家的海外业务发展受阻。在此背景下，"建行全球撮合家"强化服务大局的责任担当，助力国内企业开拓国际市场。

"建行全球撮合家"发挥金融科技优势，通过"互联网+会展+金融"的跨界融合，利用5G、VR/AR、3D等信息技术，依托平台打造"数字会展"场景，支持展会主办方、参展商和采购商使用中英双语在线组展、布展、观展，提供实时互动的直播间和会议室，提供集展览展示、交流对接、撮合匹配、活动运营等于一体的综合解决方案。

在2022年波兰国际再生能源光伏产业博览会上，在中国建设银行山西、浙江、深圳、苏州、辽宁、宁波等多家境内分行的联动配合下，17家国内光伏厂商以"委托参展"方式，委托建行欧洲华沙分行在博览会上代为推介其光伏产品。展会期间，建行欧洲华沙分行共接待来自波兰本地以及德国、西班牙、爱尔兰、捷克、斯洛伐克、斯洛文尼亚、罗马尼亚等欧洲各国的采购商150余家，其中85家采购商在现场提出采购意向，意向需求达数千兆瓦。展会结束后，建行欧洲华沙分行将对收集到的信息和需求进行整理，分享给国内供应商，并协助其与境外采购商安排一对一接洽。

浙江省安吉旭升新材料科技有限公司于2022年5月初报名参加建行欧洲华沙分行与浙江省分行联合主办的跨境电商云洽会，对建行的跨境撮合服务非常认可。在后续的沟通过程中了解到华沙分行正在筹备光伏能源展会，主动报名委托建行代为参展，并在展会后收到近百兆瓦的光伏板需求，顺利推进相关项目的对接，完成一对一客户洽谈。

安吉旭升新材料科技有限公司坐落于享有"绿水青山就是金山银山"

美誉的白茶之乡湖州安吉，该公司成立于2019年，主营业务为软硅胶的制造，并且从事LED灯具的生产及销售。公司产品广泛用于建筑、能源、汽车、医疗等行业，如汽车底盘减震件、食品硅胶、医用硅胶等，下游企业主要是奥迪、大众、马自达、福特等一线汽车企业。公司本着"承担企业社会责任，提供客户优质服务，实现员工自我价值"的企业宗旨。将绿色、环保、低碳意识落实于研发、生产、销售、管理的每一个环节，不断创新产品技术，满足客户个性化需求，持续提供优质服务，做到以人为本，将企业的壮大与客户的利益、员工的成长结合起来，实现共同发展。公司坚持"科技创新精品，大德共筑发展"的经营理念，以技术开发为向导，以产品质量为根本，以优质服务为保障，期待与客户的诚信合作，追求合作共赢。产品一直以来为内销，近年来决定开展重点板块转出口外销。为打通平台，寻找商机，该公司与建行湖州安吉支行进行业务联系，成功开立人民币和美元账户，注册建行旗下跨境撮合平台账号，顺利开展业务。

通过此次云展会，建行欧洲华沙分行以线上线下相结合的方式，把中国优质光伏厂商的产品推介到欧盟市场，在为客户拓展业务机会的同时也为客户节省了大量成本，专业的商机撮合服务也让更多的中东欧企业开始了解中国建设银行和"建行全球撮合家"，现场客户通过浏览平台网站信息，并表示有意向使用"建行全球撮合家"发布需求。

作为外贸新业态的跨境电商，在加快重构全球产业链、供应链、贸易链、价值链等方面的作用日益突出，新冠肺炎疫情的冲击加速了跨境电商数字化转型的发展，为此，"建行全球撮合家"联合主要跨境电商平台、海外仓、法律服务机构等跨境电商生态圈内各主体举办多场以跨境电商为主题的跨境对接活动。

建行欧洲华沙分行先后于2021年10月及2022年5月11日联合建行湖北省分行和浙江省分行举办跨境电商云洽会。云洽会邀请了波兰最大的电商平台Allegro、M.B.B.海外仓公司、京东国际物流（波兰）等介绍业务情况，并组织多家国内跨境电商与上述企业进行了20余场一对一洽谈，达成多个初步合作意向。据建行相关负责人介绍，建设银行依托于金融科技，推出"建行全球撮合家"跨境智能撮合平台，外贸企业可在此平台上发布项目、产品、服务等需求，平台自动匹配撮合对象，外贸企业便可从中选择最佳撮合对象并发送合作意向，为未来合作发展对外贸易打开端口。

2019年底，建行推出"建行全球撮合家"跨境智能撮合平台，帮助中外企业宣传产品和服务、对接供采需求、拓宽国际市场和商机渠道。截至目前，建设银行依托全球机构布局，以线上线下相结合的方式，聚焦"绿色、普惠、创新、科技"等重点主题，已为34个国家和地区举办150多场线上数字展会和跨境对接活动，助力1.2万余家企业实现云展览、云对接、云洽谈，切实发挥"新金融"在稳外贸、稳外资，助力产业链供应链畅通等方面的作用。

第十一届中国（波兰）贸易博览会凭借网展贸META双线双展的展前预商洽、自提买家、自选买家等多项服务，打通了展商与买家的单向或双向兴趣，实现双方精准的意向对接。众多企业斩获新订单，面对面向客户展示产品的方式能够有更好的效果，便于企业开展全球推广。

第五节
贸易合作的影响力

自中波两国领导人实现互访、中波两国关系提升为全面战略伙伴关系以来，波兰与中国的经济往来不断加强，中国赴波兰旅游人数屡创新高，中波互利务实合作不断扩大，中国（波兰）贸易博览会的举办使两国的经贸关系变得愈加密切。中国（波兰）贸易博览会的影响力和吸引力不断增强，成为中方在波兰主办的最大展会之一。在第十一届中国（波兰）贸易博览会上还迎来了波兰知名服装品牌BRANDBQ、波兰最大的建材批发商Grupa PSB Handel、3C品牌总经销商LAMEX的到访。通过领导人和知名企业的参与，可以发现，浙江省与波兰在贸易往来中不断地深入，促进经济的发展，贸易额的提升，使贸易关系更为融洽，成为"一带一路"互利共赢、共同发展的典范。

中国（波兰）贸易博览会自2012年开办以来，由杭州市人民政府主办，杭州市商务局、米奥兰特国际会展共同承办，全国其他省（市）及地区联合主办和参与,得到中国驻波兰大使馆的大力支持。① 第十二届中国(波兰)贸易博览会由杭州市人民政府、宁波市人民政府联合主办,杭州市商务局、宁波市商务局、米奥兰特国际会展共同承办,同时展会也获得了其他地区贸促会、商务局的支持,如广东省商务厅、吉林省贸促会、长春市贸促会、嘉兴市商务局、绍兴市商务局、金华市商务局、连云港市商务局、永康市商务局。海外商会也倾力相助,协办单位包括波兰华沙商会、波兰中央工业商会、波兰亚洲工商会、东北欧国际商会等机构。② 通过举办单位、参与单位数量之多可以看出,无论是中国还是波兰都十分重视这个展会,都将其作为友好贸易往来的中介,格外珍视每一次贸易机会。杭州市人民政府作为历年主办方,统筹协调展会顺利进行,贡献自身的一份力量,其他省份作为联合参与方,也积极参与展会,希望与波兰展开合作,促进自身更好发展。

波兰作为欧洲最具吸引力的投资目的地之一,其多元化产业结构为中国企业提供了丰富的贸易机会。中国也紧紧抓住商机,不断促成与波兰的贸易往来,在经贸和政治领域建立更为密切和互信的关系。波兰和中国之间贸易往来密切、形式多样,贸易额也在逐年增加。2017年双边贸易额突破200亿美元,这意味着两国之间的贸易额不断增长,贸易潜力巨大,给双方都带来了一定的益处。随着中国继续扩大开放,创造更有吸引力的投资环境,更多波兰企业关注和了解中国,与中国企业共享发展机遇,双边贸易更加便捷。③

中东欧常年展致力于打造一个中东欧国家特色商品销往中国市场的窗口和平台,并与宁波保税区中东欧贸易物流园形成联动发展,使宁波成为促进中国与中东欧国家贸易往来、人文交流最重要的窗口之一,打造中东欧经贸合作示范区、集散地。2014年6月,宁波提出打造针对中东欧合作的三大"首选之地",力求举全市之力,铺设双方交流的"黄金甬道",中国—中东欧国家经贸合作示范区建设在这一背景下不断提速升级。④ 在提出此目标后,宁波市不断朝着自己的目标前进,努力探索与中东欧各国深度合作的新路径,构建面向中东欧国家开放的新平台,在2018年4月

---

① http://www.hangzhou.gov.cn/art/2019/5/31/art_812266_34416898.html.
② https://www.163.com/dy/article/I6FMNVKA055632R7.html.
③ http://www.scio.gov.cn/31773/35507/35513/35521/document/1630862/1630862.htm.
④ http://www.ce.cn/xwzx/gnsz/gdxw/202305/21/t20230521_38554701.shtml.

宁波市政府发布《关于中国—中东欧国家经贸合作示范区建设实施方案》，提出了将宁波打造成为与中东欧贸易、投资、人文交流的"三个首选之地"目标，即打造中东欧商品进入中国市场、中国与中东欧国家双向投资合作、中国与中东欧国家人文交流"三个首选之地"。同时，宁波全面提升服务配套水平，总投资 9.55 亿元的中东欧中小企业集聚区正在加速建设，未来能实现中东欧项目"拎包入住"。与此同时，1 000 万元的中东欧项目专项培育经费已落实，正在探索设立中东欧产业投资基金，积极解决中东欧项目落地"最后一公里"。

2018 年，首届浙江省国际贸易（波兰）展览会召开，中国驻波兰大使馆经济商务处刘丽娟参赞，浙江省商务厅副厅长韩杰，杭州海关副关长张翼，波兰照明工业协会主席、主办方 Agencja SOMA 公司董事长 Marek orlowski 等出席了开幕式并致辞。该展会开展顺利，2018 年浙江省外贸出口额突破 4 000 亿美元，其中浙江省与波兰双方实现贸易额 44.2 亿美元，同比增长 19.7%。截至 2018 年底，波兰在浙江省投资设立 54 家企业，合同外资 3 512 万美元，浙江省在波兰累计投资 41 家企业，投资总额 3.97 亿美元。在第一届浙江省国际贸易（波兰）展览会的有效加持下，第二届浙江省出口商品（波兰）交易会也顺利举办，中国驻波兰大使馆徐晓峰参赞和浙江省商务厅王坚副厅长出席了开幕式，波兰创业和技术部、波兰投资贸易局、照明行业协会、展会主办方 Agencja SOMA（索玛）公司等单位的负责人也出席了开幕式。[①] 通过贸易局、重大企业的负责人参与足以看出浙江省国际贸易（波兰）展览会不断受到国家的重视，影响力不断扩大。

正是由于影响力的不断扩大，引起了高度重视，第三届中国—中东欧国家博览会暨国际消费品博览会在创新共办机制上取得重大进展。在 2022 年，宁波市先后派出 4 个公务团组出访中东欧 13 国，与 15 家中东欧经贸促进机构和 29 家中东欧其他机构签订合作协议、建立常态化合作机制，将作为活动共办单位深度参与本届博览会，中外共建共办格局基本形成。

除此之外，为了维护双方之间的良好合作关系，便于合作深入发展，建立了波兰浙江省商会来进一步协调规范组织事务。2019 年 11 月 5 日，在波兰华沙成立波兰浙江省商会，这是由旅波浙籍侨胞自发组织的社会性

---

① http://tradeinservices.mofcom.gov.cn/article/lingyu/hzhanye/201903/79540.html.

团体,以民主开放、合作交流、团结凝聚旅波浙商的创会宗旨,致力于搭建会员服务平台、信息沟通平台、金融互助平台、资源整合平台、合作交流平台,凝聚浙商力量,共谋发展,传承浙商文化,其在帮助侨胞联络亲情乡谊、融入主流社会、弘扬中华文化、维护合法权益、支持慈善事业、助力家乡共同富裕、促进中外友好交流等方面发挥了重要作用。2021年6月9日,宁波市侨联牵头成立"宁波侨界贸易促进服务联盟",34个国家的57家海外侨团、宁波舟山港集团、义新欧贸易集团有限公司等50余家贸易商及服务机构共同参与,是以海外华商组织为主体的松散性非法人组织。波兰浙江省商会作为联盟首批成员,会长傅利敏在发言中谈到,波兰是"一带一路"沟通中东欧和整个欧洲的重要门户,波兰浙江省商会将借助"宁波侨界贸易促进服务联盟"这个平台,努力为"内外循环""双招双引"作贡献。①

---

① http://www.zgqt.zj.cn/qtzjjjhxq/8814733.html.

第五章

浙江省与波兰的贸易潜力

第一节
浙江省与波兰的贸易互补性

互补性是指一个国家某种产品的出口和另一个国家该产品进口的吻合程度,贸易互补性指数是描述国家间互补性关系的重要指标,一般认为,若 i 国集中出口的产品正好与 j 国集中进口的产品相一致,说明双边贸易具有互补性。因此本节通过分析浙江省与波兰的贸易互补性来反应两者之间主要商品贸易的互补程度及契合水平,进而可观察出其间的商品贸易发展前景。

一、模型选择

在此选取了贸易互补性指数(Drysdale,1967)对浙江省与波兰产品的贸易互补程度进行测量,计算公式如下:

(1) 单类产品贸易互补性指数:

$$TCI_{ijk} = RCA_{ik}^x \times RCA_{jk}^m$$

其中，$RCA_{ik}^x = (X_{ik}/X_i) \div (X_k/X_w)$，$RCA_{jk}^m = (M_{jk}/M_j) \div (M_k/M_m)$。

（2）综合贸易互补性指数：

$$TCI_{ij} = \sum_k [(RCA_{ik}^x \times RCA_{jk}^m) \times (M_k/M_m)]$$

其中，TCI_{ijk}表示i国出口k产品与j国进口k产品间的贸易互补指数；RCA_{ik}^x表示i国对k产品的出口比较优势指数，RCA_{jk}^m为j国对k产品进口的显性比较劣势。X_{ik}、X_i、X_k、X_w分别表示i国k类产品的出口额、i国产品的出口总额、世界k类产品的出口总额、世界产品的出口总额；M_{jk}、M_j、M_k、M_w分别表示j国k类产品的进口额、j国产品的进口总额、k类产品的进口总额、世界产品的进口总额。当$TCI_{ijk} > 1$时，说明两国在产品k上的进出口一致，具有一定的互补性。TCI_{ijk}值越高，则表明i国出口的产品极大地满足了j国的需求，两国间k类产品的互补性越强。TCI_{ijk}为i国出口产品总额和j国进口产品总额的综合贸易互补性指数，分别与世界贸易中各类产品的占比相乘，进而以此为权重得到综合贸易互补性指数。

关于数据选取说明：参考本系列丛书中《浙江省与斯洛伐克经贸合作发展报告》第四章浙江省与斯洛伐克的贸易竞争性当中所提供的2012—2021年浙江省出口产品数据，并且使用UN Comtrade数据库的数据，按照公式$TCI_{ijk} = RCA_{ik}^x \times RCA_{jk}^m$，得出计算结果如表5-1所示。

表5-1　2012—2021年浙江省与波兰双边贸易互补性指数

商品代码	2012年	2013年	2014年	2015年	2016年	2017年	2018年	2019年	2020年	2021年	均值
T01	0.59	0.68	0.60	0.50	0.53	0.49	0.51	0.40	0.29	0.22	0.48
T02	0.17	0.16	0.13	0.12	0.12	0.14	0.14	0.15	0.12	0.10	0.13
T03	0.02	0.02	0.03	0.02	0.02	0.04	0.05	0.03	0.02	0.03	0.03
T04	0.34	0.33	0.30	0.29	0.26	0.27	0.31	0.32	0.23	0.22	0.29
T05	0.001	0.001	0.001	0.001	0.001	0.004		0.002	0.008	0.025	0.004
T06	0.68	0.65	0.63	0.55	0.58	0.64	0.71	0.71	0.60	0.71	0.65
T07	1.58	1.61	1.69	1.73	1.89	1.83	2.00	2.16	2.24	2.72	1.95
T08	2.87	3.19	3.14	2.77	3.49	2.72	3.65	2.54	2.52	1.84	2.87
T09	1.44	1.18	1.16	1.13	1.09	1.13	1.02	1.15	0.73	1.19	1.12
T10	0.98	1.12	1.34	1.46	1.63	1.43	1.43	1.62	1.89	1.74	1.47

续表

商品代码	2012年	2013年	2014年	2015年	2016年	2017年	2018年	2019年	2020年	2021年	均值
T11	7.97	8.23	8.01	7.28	7.95	7.92	8.09	9.65	7.38	7.90	8.04
T12	5.60	6.02	5.88	5.46	5.43	6.04	5.10	6.63	4.89	4.36	5.54
T13	1.35	1.25	1.33	1.35	1.50	1.83	1.65	2.06	2.77	1.86	1.69
T14	0.005	0.004	0.004	0.006	0.006	0.003	0.004	0.007	0.003	0.008	0.005
T15	1.88	2.01	2.09	2.04	2.16	2.17	2.08	2.16	2.65	3.28	2.25
T16	0.86	0.93	0.88	0.85	0.85	0.88	0.96	1.10	0.94	1.09	0.93
T17	0.62	0.60	0.54	0.47	0.43	0.42	0.46	0.35	0.51	0.53	0.49
T18	0.38	0.34	0.34	0.36	0.34	0.35	0.35	0.37	0.37	0.33	0.35
T19	-	-	-	-	-	-	0.32	0.24	0.20	0.36	0.11
T20	4.48	4.63	5.22	5.34	6.37	7.26	8.05	8.58	8.90	8.55	6.74
均值	1.59	1.65	1.66	1.59	1.73	1.78	1.84	2.01	1.86	1.85	1.76

注：根据笔者计算所得，表中"—"表示某类产品由于数据可得性为未知。

数据来源：UN Comtrade 数据以及浙江省统计年鉴。

二、计算结果与分析

根据表 5-1 计算结果分析可得：

（1）从横向分析浙江省与波兰的贸易互补性，可见以浙江省为商品出口地，波兰为商品进口地的综合贸易互补性指数始终高于 1.5，双边贸易互补性程度较高。2012 年为最低值 1.59，而 2019 年达到最高值 2.01，表明近十年来浙江省主要产品出口与波兰进口之间呈现较高程度的吻合，两者之间的互补性程度相对较高，具有良好的贸易合作基础与广阔的合作前景。2012 年 4 月 26 日，首次中国—中东欧国家领导人会晤在波兰华沙举行，中国—中东欧国家合作机制是波兰与中国合作的重要渠道，同时为浙江省与波兰之间的经贸往来提供了合作平台，两者之间存在进一步扩大贸易发展规模的可能性。

（2）从纵向分析浙江省与波兰贸易互补性，十年间 TCI 综合指数总体上保持缓慢增长态势，从 2012 年的 1.59 上升到 2021 年的 1.85，十年间浙江省与波兰之间的贸易互补性均值总体上呈现出一定的波动，但总体趋势相对稳定。最初，互补性均值在 2012 年至 2015 年之间波动，但保持在 1.5 左右。然后，从 2016 年开始，互补性均值逐渐上升，在 2019 年达到最高点（2.01），之后略微下降。尽管存在年度波动，贸易互补性均值在这个十年中没有出现显著的趋势性变化，总体上保持在 1.5—2.0。

综合来看，浙江省与波兰之间的贸易互补性均值在这十年内相对稳定。这表明两国之间的贸易互补性在这段时间内，尽管存在年度波动，但相对保持一致。这种稳定性可能反映了两国之间的贸易模式和市场需求的一致性，表明浙江省与波兰两者之间始终保持较强的贸易互补关系，贸易互补性指数呈现一定的收敛性，保持相对稳定的状态，并且两者之间的专业化分工不断深化，贸易互补性进一步增加。浙江省与波兰两地由于要素禀赋和经济结构的差异使得出口到国际市场的产品有一定的区别，从本章第二节的分析中，可以看出两地在产品竞争优势上存在差距，具有国际优势的产品类目不存在重叠，虽然在国际市场上存在一定的竞争，但是在不少商品上贸易互补大于贸易竞争，这一状况在短时间内将继续延续，因此，可以看出双方在进出口贸易方面仍然存在广阔的贸易空间。

从具体类别来看，贸易互补性指数大于 1 的产品类别包括：T07、T08、T09、T11、T12、T13、T15、T16、T19、T20。其中，T11、T12、T19、T20 的贸易互补性指数都大于 4，表明浙江省与波兰在这些产品类别上具有极强的贸易互补性。结合第二节的竞争性分析，我们可以得出以下结论：T11（纺织原料及纺织制品）、T12（鞋、帽、伞、杖、鞭及其零件）、T20（杂项制品）是浙江省具有较强出口优势的产品类别，而波兰在 T20（杂项制品）产品上同样也具有极强的竞争优势。从整体上来看劳动密集型产品贸易互补性指数十年间保持稳定的状态，表明浙江省与波兰在该类产品上一直保持着良好的合作基础以及仍存在广阔的合作空间。劳动密集型商品的高互补性是浙江省与波兰双方比较优势产品和比较劣势产品形成的优势，纺织服装是浙江省第二大出口产业，也是浙江省传统优势产业，拥有完善的产业生态，集群效用突出，根据第二节竞争性指数分析可以看出浙江省在纺织服装产品上的高竞争性，并且波兰在该类产品进口方面呈现相对较大的需求，为双方在该行业开展贸易奠定了基础。因此，加大浙江省对波兰在该类产品中的出口能够进一步扩大双边贸易额，推动行业产业链进一步完善，建设浙江省与波兰更好的贸易伙伴关系。

另外，浙江省与波兰在 T01 至 T06、T14、T17、T18 商品类的贸易互补性指数较小，都小于 1，表明浙江省与波兰在初级产品和资本密集型产品方面的贸易互补性较弱。这也与下面第二节的竞争性分析相符，即浙江省在初级产品的出口方面不占优势，而波兰也不具备明显的优势，导致两地在初级产品方面的贸易联系相对较弱。浙江省在资本密集型产品方面的竞争优势相对于劳动密集型产品较弱，出口实力低于劳动密集型产品，但仍具有发展空间。资本技术密集型产品目前在双边贸易中虽然占有的比重不大，但是在未来可以作为重点发展的领域，不仅为扩大双边贸易额寻找新的增长点，也能够进一步优化双边贸易结构。

综上所述，浙江省与波兰之间的双边贸易互补性表现出在一些产品类别中具有极强的互补性，尤其是在劳动密集型和技术密集型产品方面。同时，在其他一些产品类别中，贸易互补性较弱，可能反应了双方在该领域的相对独立生产，可能需要更多的政策和战略来加强贸易联系。

第二节
浙江省与波兰的贸易竞争性

贸易竞争性是指一个国家或地区在国际市场上能够生产和销售一种或多种产品或服务的能力，以及与其他国家或地区相比在生产和销售这些产品或服务时的相对优势。一个具有较高贸易竞争力的国家或地区在国际贸易中能够获得更多的市场份额和更多的收益，从而能够提高经济发展水平。研究浙江省和波兰的国际贸易竞争力能够了解两个地区经济发展的不同模式和趋势，从而更好地了解它们的经济结构、特点和发展趋势。通过分析两个地区在不同产业中的相对竞争优势和劣势，我们可以为双方提供合作的方向和建议，帮助他们更好地利用各自的优势，开展互利共赢的贸易合作。因此，研究浙江省和波兰的国际贸易竞争力是非常重要的。

一、浙江省的贸易竞争性分析

（一）模型选择

为了更加客观具体地研究浙江省的竞争性，本节选用显示性比较优势指数（Revealed Comparative Advantage Index，简称 RCA 指数）来说明。1963 年美国经济学家巴拉萨通过研究提出了显示性比较优势指数。[①] 该指数是指一个国家某类产品的出口值占该国所有出口产品总值的份额与世界该类产品的出口值占世界所有产品出口总值的份额的比例，可以较好地反映一个国家或地区某类出口产品与世界平均出口水平的相对优势。因此，本书借助显性比较优势指数对浙江省与波兰的贸易竞争性进行研究。

RCA 计算公式为：

$$RCA = \frac{X_i/X_t}{W_i/W_t}$$

其中，X_i 表示某一国家的 i 类出口产品额，X_t 表示某一国家出口总额，W_i 表示全球贸易中 i 类产品出口额，W_t 表示全球贸易的出口总额。

（二）数据选取

经过作者对 2013—2022 年《浙江统计年鉴》中浙江省主要出口产品数据的整理和计算显示，在 2012—2021 年浙江省的前 10 类出口商品主要是农副产品、塑料产品、纺织纱线织物及制品、钢材、机电产品、高新产品、汽车零配件、服装及衣着物、玩具、体育用品及设备。其中，机电产品为浙江省排名第一的出口产品，其出口额占浙江省总出口额的比重总体上呈上升的趋势，2012 年机电产品的出口占总出口额的 42.71%，2017 年达到 43.23%，在 2021 年高达 45.79%；其次是纺织纱线、织物制物和服装及衣着，在 2012 年该类产品的出口额占总出口额的比重分别为 13.93% 和 12.71%，在 2017 年分别为 12.66% 和 10.09%，在 2021 年为 11.01% 和 6.62%；高新技术产品的出口额占总出口额的比重在近两年内也呈现了上升的趋势，2012 年占比为 6.59%，2017 年为 6.5%，在 2021 年为 9.04%，较 2012 年增长了 37.17%；塑料产品也逐渐成为浙江省出口的"主打产品"，在 2012 年该产品的出口额占总出口额的比重为 2.18%，在 2017 年为 3.46%，到 2021 年，其比重达到了 5.18%；浙江省也是全国主

[①] RCA 可以表示一个国家某类产品的世界竞争优势，如果一国 RCA 指数大于 2.5 则表明该国该产此具有极强的国际竞争力；RCA 介于 2.5—1.25 表明该国该产业具有很强的国际竞争力；RCA 介于 1.25—0.8 则认为该国该产业具有较强的国际竞争力；RCA 小于 0.8 则表明该国该产业的国际竞争力较弱。

要的玩具和体育用品及设备生产基地之一，拥有众多的玩具和体育用品及设备生产企业和供应链企业，这些企业的出口规模也在不断扩大，2012年浙江省出口的玩具产品和体育用品及设备总额分别为104 802万美元和120 541万美元，分别占该省出口总额的0.47%和0.54%，到2021年该两类产品的出口总额分别占该省总出口额的1.45%和1.08%，这表明浙江省的玩具产品和体育用品及设备出口规模可观；浙江省是中国的农业大省之一，也是重要的农副产品出口省份之一，数据显示，2012年浙江省农副产品出口总额为971 841万美元，占全省出口总额的4.33%，到2021年浙江省出口农副产品的总额为7 628 885万美元，占全省出口额的2.53%，虽然所占比例下降，但其出口规模依然可观；浙江省是中国重要的汽车零配件生产和出口基地之一，其汽车零配件出口规模和竞争力均居于全国前列，2012年浙江省汽车零配件出口总额为465 458万美元，占全省出口额的2.07%，到2017年其占全省出口额的比重达到了2.64%，2021年为2.57%，可以看出浙江省汽车零配件的出口规模呈现波动上升的趋势；浙江省钢材出口总额在2012年为282 509万美元，占总出口额的1.26%，到2021年，该类产品的出口总值占总出口额的比重达到了2.18%，增长较为明显。

表5-2　2012—2021年浙江省10类商品出口额占总出口额比重　　　　单位：%

年份	商品名称									
	农副产品	塑料制品	纺织纱线、织物制品	钢材	机电产品	高新技术产品	汽车零配件	服装及衣着	玩具	体育用品及设备
2012	4.33	2.18	13.93	1.26	42.71	6.59	2.07	12.71	0.47	0.54
2013	4.04	2.62	14.22	1.35	40.83	5.74	2.57	12.82	0.53	0.58
2014	3.76	2.95	13.79	1.64	41.16	5.67	2.53	12.17	0.63	0.62
2015	3.58	3.41	13.13	1.49	42.12	6.08	2.45	11.69	0.78	0.68
2016	3.53	3.50	12.98	1.52	42.40	6.29	2.54	11.10	1.02	0.64
2017	3.44	3.46	12.66	1.53	43.23	6.50	2.64	10.09	1.24	0.64
2018	3.39	3.53	12.69	1.54	43.48	6.65	2.67	9.64	1.21	0.65
2019	3.03	5.46	12.63	1.44	42.85	6.96	2.71	8.66	1.43	0.68
2020	2.71	5.80	12.61	1.48	45.11	8.05	2.44	7.01	1.59	1.09

续表

年份	商品名称									
	农副产品	塑料制品	纺织纱线、织物制物	钢材	机电产品	高新技术产品	汽车零配件	服装及衣着	玩具	体育用品及设备
2021	2.53	5.18	11.01	2.18	45.79	9.04	2.57	6.62	1.45	1.08

数据来源：根据浙江省商务厅（http://zcom.zj.gov.cn/col/col1385110/index.html）、2013—2022年《浙江统计年鉴》数据计算所得。

（三）RCA 指数测算结果与分析

通过计算得到了浙江省这10类产品2012—2021年的显示性比较优势指数及近10年的平均值，结果见表5-3。

表5-3　2012—2021年浙江省十类产品显性比较优势指数

年份	商品名称									
	农副产品	塑料制品	纺织纱线、织物制物	钢材	机电产品	高新技术产品	汽车零配件	服装及衣着	玩具	体育用品及设备
2012	0.55	0.71	3.4	0.31	1.81	0.43	0.29	5.5	2.88	4.26
2013	0.5	0.84	3.37	0.36	1.75	0.37	0.36	5.33	3.23	4.55
2014	0.45	0.9	3.23	0.42	1.7	0.36	0.34	5.03	3.5	4.54
2015	0.42	1.02	2.77	0.4	1.61	0.34	0.3	4.21	3.61	4.53
2016	0.4	1.04	2.98	0.44	1.61	0.35	0.3	4.47	4.33	4.36
2017	0.39	1.02	2.95	0.41	1.63	0.37	0.32	4.14	4.93	4.52
2018	0.41	1.04	3.09	0.4	1.72	0.38	0.33	4.17	5.04	4.66
2019	0.35	1.65	3.02	0.4	1.61	0.39	0.34	3.61	5.12	4.59
2020	0.29	1.67	2.94	0.42	1.59	0.41	0.33	3.01	5.07	5.9
2021	0.29	1.42	2.8	0.52	1.68	0.49	0.37	2.93	4.46	5.25
10年均值	0.40	1.13	3.05	0.41	1.67	0.39	0.33	4.24	4.21	4.71

注：显性比较优势指数是根据浙江省10类产品的出口额计算所得。

数据来源：联合国 Comtrade 数据库（https://comtrade.un.org/）、2013—2022年《浙江统计年鉴》。

具体来说，分析结果后主要有以下三个方面的发现：

第一，近10年来，浙江省出口产品中RCA指数超过2.5的有4个，分别是纺织纱线织物及制品、服装及衣着物、玩具和体育用品及设备，说明这四类产品在国际市场具有非常强的竞争力。从十年平均值来看，体育用品及设备是具有最强优势的产品，均值达到了4.71，反映出该类产品在全球出口市场上占有较强且稳定的优势，同时该类产品的RCA指数在近两年还呈现出上升的趋势。其中近10年的RCA指数均值较为接近的是服装及衣着物和玩具产品，均值分别为4.24和4.21，尽管服装及衣着物产品和玩具产品的显性比较优势指数大体上呈现出连年下滑的趋势，但其RCA指数依然在2.5以上，因此，这两类产品的国际竞争力依然保持着很强的比较优势。排名第四的产品是纺织纱线、织物制物，其近十年均值为3.05，该类产品的RCA指数总体上呈现下降的态势，该产品在2012年的RCA指数最高，达到3.4。

第二，在这10类产品中RCA指数处于很强优势水平的产品是机电产品和塑料产品。其中，机电产品的显性比较优势指数近10年均在1.25以上，说明该类产品具有较强的国际竞争力，机电产品近10年RCA指数的均值为1.67，从时间纵向来看，该类产品的RCA指数一直处于相对稳定的态势，但于2012年相比较，其RCA指数具有波动下降的特征，整体来看，其RCA指数近10年内均高于1.25，因此，该类产品依然具有较强的比较优势。另外，数据显示塑料产品的RCA指数出现了连续增加的趋势，其RCA指数在2012年为0.71，到2020年达到了1.67，上涨幅度接近57%，虽然在2021年RCA指数出现了第一次的下降，但从总体来看，塑料产品的比较优势增长较为稳定，并在2019年其RCA指数首次超过了1.25。

第三，近10年来出口优势最弱的产品是农副产品、钢材、高新技术产品和汽车零配件。这四类产品的显性比较优势指数都小于0.8，说明这四类产品的国际竞争力较弱，即浙江省在这四类产品的出口方面处于劣势。其中，农副产品的RCA指数总体上还呈现出下降的趋势，其RCA指数在2021年为0.29，较2012年下降了约47%。钢材产品近10年具有细微增加的态势，其RCA指数从2012年的0.31到2021年的0.52，涨幅约为67%。另外，高新产品和汽车零部件产品的RCA指数变化不明显，处于较平稳的状态。

(四) 资源集约度产业分类法下的 RCA 指数测算结果与分析

1. 按资源集约度产品分类

资源集约度产业分类方法又称资源密集产业分类法，即根据不同的产业在生产过程中对资源依赖程度的差异，将国民经济的所有部门大致划分为资源密集型、劳动密集型、资本密集型和资本技术密集型四大类别。

按照资源集约度分类标准，将农副产品、塑料产品、纺织纱线织物及制品、钢材、机电产品、高新产品、汽车零配件、服装及衣着物、玩具、体育用品及设备这10类产品分别归类为表5-4。因此根据劳动密集型，资本密集型，资本技术密集型三类，分别分析浙江省和波兰不同要素禀赋的产品在2012—2021年显性比较优势指数的变化情况。

表5-4　　　　　　　按照要素密集度的产业分类

要素密集度	产业类型
劳动密集型	纺织纱线织物、服装及衣着物、玩具、农副产品
资本密集型	体育用品及设备、塑料制品、钢材
资本技术密集型	汽车零配件、机电产品、高新技术产品、

注：根据农副产品的定义即农副产品是由农业生产所带来的副产品，包括农、林、牧、副、渔五业产品，分为粮食、经济作物、竹木材、禽畜产品、蚕茧蚕丝、干鲜果、药材、土副产品、水产品等若干大类，生产这些产品需要耗费大量的劳动力，因而将农副产品归入为劳动密集型产品。

2. RCA 指数测算结果与分析

表5-5　　　2012—2021年浙江省10类产品按要素密集度分类的 RCA 指数

年份	密集度分类		
	劳动密集型产品	资本密集型产品	资本技术密集型产品
2012	1.87	0.55	1.11
2013	1.86	0.65	1.07
2014	1.75	0.71	1.04
2015	1.57	0.78	0.98

续表

年份	密集度分类		
	劳动密集型产品	资本密集型产品	资本技术密集型产品
2016	1.58	0.81	0.97
2017	1.52	0.77	1.00
2018	1.57	0.78	1.04
2019	1.47	1.07	1.00
2020	1.30	1.16	1.01
2021	1.25	1.06	1.09

数据来源：根据浙江省商务厅（http://zcom.zj.gov.cn/col/col1385110/index.html）、2013—2022年《浙江统计年鉴》数据计算所得。

（1）劳动密集型产品。从表5-5统计的RCA数据来看，该大类产品的RCA指数在2012—2021年的平均数高达1.57，其RCA指数在1.25—2.5，表明了浙江省的劳动密集型产业具有很强的国际竞争力，对比资本密集型产品和资本技术密集型产品来说，浙江省的劳动密集型产品具有最明显的比较优势。从时间纵向即动态比较来看，浙江省这10类产品中的劳动密集型产品的RCA指数整体上呈现出波动下降的趋势。其中，在2012年浙江省这10类产品中的劳动密集型产品的显性比较优势指数为1.87，为10年间最高水平，但其RCA指数从2012年呈现下降的趋势，到2016和2018年出现在转折，保持了两年的上升水平，并从2019年起连续下降，至2021年达到10年间的最低水平，在2021年，该大类产品的显性比较优势指数下降到了1.25，较2012年的RCA指数下降了约25%。

（2）资本密集型产品。从表5-5统计的RCA数据来看，该大类产品的RCA指数在2012—2021年的平均值为0.83，其RCA指数介于0.8—1.25，说明了浙江省的资本密集型产品产业具有较强的国际竞争力，但对比劳动密集型产品和资本技术密集型产品来说，浙江省的资本密集型产品的优势较小。总体来看，浙江省资本密集型产品的RCA指数在2012—2021年呈波动上升趋势，2012年起始值为0.55。

（3）资本技术密集型产品。2012—2021年浙江省的资本技术密集型产品的RCA指数平均值为1.03，其RCA指数介于0.8—1.25，也说明了浙江省的资本密集型产品产业具有较强的国际竞争力。从表5-5来看，浙江省的资本技术密集型产品的比较优势处于相对稳定的状态，其

RCA 指数在 2012 年是最高水平,为 1.11,在 2016 年达到最低水平,为 0.97。

二、波兰的贸易竞争性分析

(一)显性比较优势指数分析

1. 模型选择

此部分的模型选择同浙江省的贸易竞争性模型。

2. 数据选取

根据由世界关贸组织(WTO)和国际货物编码委员会(CCIC)共同制定的商品分类系统 HS 编码,其中 HS 编码将商品划分为 21 个部门,其中第 17 个部门被细分为两个部分,共计 22 个大类。本书将运用基于 HS 编码 22 个大类统计的方法将商品按照 22 个大类对波兰的贸易竞争性进行分析。本书选自波兰 2012—2021 年的进出口贸易数据,贸易数据来源于联合国 Comtrade 数据库,经整理而得。

3. RCA 指数测算结果与分析

通过计算波兰这 22 个大类商品在 2012—2021 年的显示性比较优势指数及近十年的平均值,结果见表 5-6。

表 5-6　　2012—2021 年波兰 22 个大类商品显性比较优势指数

商品代码	2012 年	2013 年	2014 年	2015 年	2016 年	2017 年	2018 年	2019 年	2020 年	2021 年	平均值
T01	2.24	2.28	2.08	2.07	1.98	2.12	2.19	2.13	1.99	2.02	2.11
T02	0.93	1.02	0.96	0.91	0.79	0.72	0.75	0.77	0.82	0.85	0.85
T03	0.47	0.69	0.64	0.63	0.60	0.35	0.37	0.43	0.43	0.46	0.51
T04	1.87	1.93	1.92	1.90	1.88	2.06	2.12	2.14	2.20	2.29	2.03
T05	0.28	0.26	0.26	0.29	0.26	0.23	0.21	0.18	0.17	0.19	0.23
T06	0.82	0.84	0.83	0.75	0.77	0.82	0.73	0.73	0.72	0.70	0.77
T07	1.63	1.68	1.60	1.57	1.60	1.58	1.65	1.56	1.49	1.52	1.59
T08	0.60	0.71	0.81	0.81	0.83	0.74	0.76	0.75	0.78	0.84	0.76
T09	2.71	2.72	2.61	1.77	2.42	2.45	2.72	1.90	1.83	1.77	2.29
T10	1.85	1.85	1.83	1.92	1.92	2.00	2.06	2.16	2.22	2.34	2.01
T11	0.84	0.72	0.77	0.73	0.86	0.83	0.93	0.95	1.09	1.25	0.90

续表

商品代码	2012年	2013年	2014年	2015年	2016年	2017年	2018年	2019年	2020年	2021年	平均值
T12	0.63	0.68	0.64	0.65	0.76	0.84	1.04	1.18	1.35	1.35	0.91
T13	2.03	2.01	1.98	1.73	1.84	1.86	1.94	1.86	1.76	1.85	1.89
T14	0.28	0.18	0.18	0.15	0.15	0.16	0.13	0.15	0.14	0.18	0.17
T15	1.69	1.66	1.56	1.48	1.46	1.47	1.46	1.54	1.49	1.53	1.53
T16	1.01	1.02	1.02	0.97	0.93	0.91	0.92	0.89	0.88	0.93	0.95
T17	1.45	1.49	1.38	1.30	1.30	1.26	1.29	1.32	1.26	1.31	1.34
T18	0.31	0.35	0.35	0.40	0.42	0.52	0.55	0.56	0.54	0.58	0.46
T19	0.80	0.33	0.72	0.54	0.40	0.76	0.57	0.77	0.10	0.09	0.47
T20	3.18	3.15	3.19	2.95	3.11	3.20	3.26	3.18	2.90	2.82	3.09
T21	0.14	0.04	0.04	0.05	0.06	0.07	0.05	0.04	0.06	0.08	0.07
T22	0.06	0.04	0.09	0.07	0.05	0.03	0.02	0.02	0.05	0.02	0.05

数据来源：根据联合国 Comtrade 数据库（https://comtrade.un.org/）数据计算所得。

具体来说，分析结果后主要有以下几个方面的发现：

第一，从整体来看，波兰在这22个大类商品中，RCA指数十年均值大于2.5的产品种类仅有一个，为T20（杂项制品），它的RCA指数均值达到了3.09，说明波兰在杂项制品的出口上具有极强的竞争优势。从时间纵向来看，波兰杂项制品的RCA指数处于下降的趋势，在2021年其指数为2.82，较2012年下降了约为11.32%，但其竞争优势依然很大。

第二，在这22个大类商品中，波兰的RCA指数均值介于1.25—2.5的有8个，分别是T01（活动物；动物产品）、T04（食活动物；酒及其醋；草、烟草及烟草代用品的制品）、T07（塑料及其制品；橡胶及其制品）、T09（木及木制品；木炭；软木及软木制品；稻草、秸秆、针茅或其他编结材料制品；篮筐及柳条编结品）、T10（木浆及其他纤维状纤维素浆；回收（废碎）纸或纸板，纸、纸板及其制品）、T13（石料、石膏、水泥、石棉、云母及类似材料的制品；陶瓷产品；玻璃及其制品）、T15（贱金属及其制品）、T17（车辆、航空器、船舶及有关运输设备），说明波兰的这八类商品在国际市场拥有很强的竞争力。在这八类商品中，拥有最强优势的产品是T09（木及木制品；木炭；软木及软木制品；稻草、秸秆、针茅或其他编结材料制品；篮筐及柳条编结品），均值达到2.29，说明该类商品在世界贸易市场上具有很强的比较优势，其RCA指数在2018年达到最高为2.72，从2019年开始T09类产品出现了下降的趋势，到2021年其RCA指数达到了十年内最低水平1.77。其次为T01（活动物；动物产品）、T04（食活动物；酒及其醋；草、烟草及烟草代用品的制品）和T10（木浆及其他纤维状纤维素浆；回收（废碎）纸或纸板，纸、纸板及其制品）都高于2.0，其中T01其RCA指数均值为2.11，从时间纵向来看，T01大类的RCA指数处于相对稳定的状态，说明波兰在该类商品的出口市场上始终保持着稳定的比较优势；而T04和T10总体上呈现出上涨的趋势，T04的RCA指数在2012年为最低1.87，2021年为2.29，增加了22.45%；T10在2021年RCA指数较2012年增长了20.54%。T13（石料、石膏、水泥、石棉、云母及类似材料的制品；陶瓷产品；玻璃及其制品）、T07（塑料及其制品；橡胶及其制品）、T15（贱金属及其制品）、T17（车辆、航空器、船舶及有关运输设备）的RCA均值分别为1.89、1.59、1.53和1.34，这四类商品的RCA指数大体上处于相对稳定的态势，并且主要特点是稳中有降。

第三，RCA指数介于0.8–1.25的商品有四个，分别是T02（植物产品）、T11（纺织原料及纺织制品）、T12（鞋、帽、伞、杖、鞭及其零件；已加工的羽毛及其制品；人造花；人发制品）、T16（机器、机械器具、电气设备及其零件；录音机及放声机、电视图像；声音的录制和重放设备及其零件、附件），说明了这四大类商品具有较强的比较优势。其中，T02类产品和T16类商品在2021年RCA指数较2012年相比都是处于下降的情况，降幅分别为8.6%和7.9%；而T11和T12类商品在2021年RCA指数较2012年相比都是处于上涨的趋势，并都在2021年RCA指数超过了1.25，涨幅分别为48.8%和114%，说明了这两类商品的出口竞争优势在近十年得到了迅猛的提高。

第四，RCA指数小于0.8的大类商品有九个，分别是T03（动、植物油、脂及其分解产品；精制的食用油脂；动、植物蜡）、T05（矿产品）、T06（化学工业及其相关工业的产品）、T08（生皮、皮革、毛皮及其制品等）、T14（天然或养殖珍珠、宝石或半宝石等）、T18（光学、照相、电影、计量、检验、医疗或外科用仪器及设备等）、T19（武器、弹药及其零件、附件)、T21、T22，说明这九大类商品的国际竞争力较弱，其中，T06 在 2012—2014 年的 RCA 指数都高于 0.8，从 2015 年开始处于下降的趋势，而 T08 的 RCA 指数有四年都超过了 0.8，并于 2021 年达到 0.84，为十年内最高水平，较 2012 年上升了 40%，说明该类商品也具有一定的竞争优势。

(二) 贸易竞争优势指数分析

1. 模型选择

贸易竞争优势指数也称作 TC 指数 (Trade Competition Index)，[①] 又叫贸易竞争力指数，主要用于分析本国的某种产品相对于世界上同类型产品而言是否具有竞争优势。TC 指数是用一个国家/地区的进出口贸易差额与进出口贸易总额之比来衡量一国/地区该产品在国际市场上的竞争优势情况。贸易竞争优势指数用公式表示如下所示：

$$TC = \frac{X_{ij} - M_{ij}}{X_{ij} + M_{ij}}$$

其中，X_{ij} 表示 i 国 j 类商品的出口总额，M_{ij} 表示 i 国 i 类商品的进口总额公式表示 i 国 j 产品的净出口总额与 i 国 j 产品的进出口贸易总额。TC 指数的取值范围为 [-1, 1]，越靠近 -1 则意味着国际竞争力越弱，越靠近 1 则说明国际竞争力越强。当 TC 指数小于 0 时则说明该商品是缺乏国际竞争力的产品。表 5-7 是波兰出口商品贸易竞争力指数的计算结果。

表 5-7   2012—2021 年波兰出口商品贸易竞争力指数表

商品代码	2012 年	2013 年	2014 年	2015 年	2016 年	2017 年	2018 年	2019 年	2020 年	2021 年
T01	0.24	0.21	0.22	0.24	0.21	0.18	0.32	0.26	0.23	0.26
T02	-0.01	0.08	0.08	0.08	0.01	-0.15	0.02	-0.11	0.05	0.00

---

① TC 指数可以表示一国某类商品的竞争优劣，如果一国 TC 指数介于 0.6-1，表明该商品是极强的竞争优势商品；TC 介于 0.3-0.6，表明该商品是有较强的竞争优势商品；TC 介于 0-0.3，表明该商品是有微弱竞争优势的产品；TC 介于 -0.3-0，表明该商品是有微弱竞争劣势的商品；TC 介于 -0.6 至 -0.3，表明该商品是有较竞争劣势的商品；TC 介于 -1 至 -0.6，表明该商品是有极大竞争劣势商品。

续表

商品代码	2012年	2013年	2014年	2015年	2016年	2017年	2018年	2019年	2020年	2021年
T03	-0.35	-0.16	-0.14	-0.08	-0.14	-0.40	-0.37	-0.43	-0.24	-0.33
T04	0.18	0.23	0.24	0.25	0.27	0.22	0.37	0.24	0.35	0.28
T05	-0.50	-0.44	-0.46	-0.40	-0.42	-0.62	-0.42	-0.44	-0.67	-0.52
T06	-0.19	-0.18	-0.18	-0.18	-0.16	-0.21	-0.11	-0.21	-0.07	-0.18
T07	-0.07	-0.04	-0.05	-0.03	-0.03	-0.13	0.06	-0.05	-0.01	-0.09
T08	-0.21	-0.12	-0.10	-0.06	-0.13	-0.19	-0.10		-0.17	-0.04
T09	0.42	0.47	0.43	0.46	0.48	0.33	0.56	0.24	0.46	0.22
T10	-0.03	-0.02	-0.02	0.00	0.03	-0.07	0.13	0.07	0.08	0.07
T11	-0.17	-0.16	-0.17	-0.17	-0.15	-0.26	-0.04	-0.21	-0.05	-0.10
T12	-0.19	-0.14	-0.19	-0.18	-0.13	-0.31	0.04	-0.15	-0.08	-0.10
T13	0.23	0.28	0.28	0.28	0.27	0.12	0.35	0.21	0.23	0.19
T14	0.68	0.60	0.58	0.47	0.40	0.23	0.23	-0.06	0.19	-0.08
T15	0.03	0.02	0.00	-0.01	-0.04	-0.14	0.06	0.00	-0.02	-0.05
T16	0.00	0.01	0.01	0.00	0.01	-0.09	0.09	-0.07	0.03	-0.03
T17	0.15	0.15	0.14	0.14	0.14	0.01	0.17	0.19	0.00	0.06
T18	-0.40	-0.29	-0.29	-0.24	-0.18	-0.20	0.00	-0.09	-0.07	-0.07
T19	0.12	-0.24	-0.02	-0.14	-0.46	-0.27	-0.24	-0.56	-0.64	-0.87
T20	0.53	0.54	0.50	0.48	0.46	0.33	0.47	0.38	0.41	0.35
T21	0.37	-0.34	-0.38	0.00	0.06	0.16	0.15	-0.35	-0.30	-0.53
T22	-0.93	-0.93	-0.81	-0.81	-0.78	-0.92	-0.93	-0.92	-0.88	-0.97

数据来源：根据联合国 Comtrade 数据库（https://comtrade.un.org/）数据计算所得。

2. TC 指数测算结果与分析

由表 5-7 可知波兰出口商品贸易竞争力情况。2012—2021 年，波兰的出口商品中没有 TC 指数介于 0.6-1 的商品，即波兰在贸易竞争优势指数条件下没有极强竞争优势的商品。TC 指数介于 0.3-0.6 的商品有三个，分别是 T09（木及木制品；木炭；软木及软木制品；稻草、秸秆、针茅或其他编结材料制品；篮筐及柳条编结品）、T14（天然或养殖珍珠、宝石或半宝石、贵金属、包贵金属及其制品；仿首饰；硬币）和 T20（杂项制品），表明这三类商品具有较强的竞争优势。TC 指数介于 0-0.3 的商品有 6 个，分别是 T01（活动物；动物产品）、T02（植物产品）、T04（食活动物；酒及其醋；草、烟草及烟草代用品的制品）、T10（木浆及其他纤维状纤维素浆；回收（废碎）纸或纸板，纸、纸板及其制品）、T13（石料、石膏、水泥、石棉、云母及类似材料的制品；陶瓷产品；玻璃及其制品）和 T17（车辆、航空器、船舶及有关运输设备），各类商品十年间偶尔出现负值，但总体而言 TC 指数值反映该六类商品属于具有微弱竞争优势产品。TC 指数介于 0 至 -0.3 的商品大类有 11 个，分别是 T03、T06、T07、T08、T11、T12、T15、T16、T18、T19、T21，反映该十一类商品是有微弱竞争劣势的产品。TC 指数反映出来波兰有极大竞争劣势和较大竞争劣势的商品各为一个，分别是 T22 和 T05。从各类商品占比来看，波兰的微弱竞争劣势商品占比最高，占 22 类商品的 45%，其次是微弱竞争优势商品，占比为 36%。从整体来看，波兰 TC 指数较小，且多种产品的 TC 指数在十年间都呈现下降趋势，这与用 RCA 指数衡量的商品在国际市场上的竞争力情况类似。

三、浙江省与波兰的贸易竞争性比较分析

参考本书第四章浙江省与斯洛伐克的贸易竞争性当中所提供的 2012—2021 年浙江省出口商品显示性比较优势指数，并将其与本节计算出的 2012—2021 年波兰出口商品显示性比较优势指数进行分析。

（一）浙江省与波兰 RCA 指数测算情况

前文已经对 2012—2021 年波兰出口商品显示性比较优势指数进行了分析，因此不再赘述。主要情况为：首先，波兰在 T20（杂项制品）产品上具有极强的竞争优势。其次，波兰具有较强的竞争优势有 8 个产品类别，包括活动物、木制品、石料、纸浆、塑料等。再次，波兰具有一定的竞争优势的商品类别有 4 个，包括植物产品、纺织品、鞋帽伞、机械设备等。最后，波兰在 9 个类别中的竞争优势较弱，其中有些类别的竞争优势出现了上升的趋势。

根据本书第四章浙江省与斯洛伐克的贸易竞争性当中所提供的 2012—2021 年浙江省出口商品显示性比较优势指数可以发现，浙江省具有极强国际竞争力的商品有四个，分别是 T08（生皮、皮革、毛皮及其制品；鞍具及挽具；旅行用品、手提包及类似容器；动物肠线（蚕胶丝除外）制

品)、T11（纺织原料及纺织制品）、T12（石料、石膏、水泥、石棉、云母及类似材料的制品；陶瓷产品；玻璃及其制品）和 T20（杂项制品）。浙江省具有很强优势产品有两个，分别是 T13（石料、石膏、水泥、石棉、云母及类似材料的制品；陶瓷产品；玻璃及其制品）和 T15（贱金属及其制品）。浙江省具有较强国际竞争优势的产品有三个，分别是 T07（塑料、橡胶及其制品）、T09（木制品；编结材料制品等）和 T16（机器、机械器具、电气设备及其零件；录音机及放声机等设备及其零件、附件）。而波兰具有较弱国际竞争力商品有 11 个，包括 T01（活动物；动物产品）、T02（植物产品）、T03（动、植物油、脂及其分解产品、精制的食用油脂等）、T04（食品；饮料、酒及其醋；烟草、烟草及烟草代用品的制品）、T06（化学工业及其相关工业的产品）、T10（木浆、回收（废碎）纸或纸板；纸及其制品）、T14（天然或养殖珍珠、宝石或半宝石、贵金属、包贵金属及其制品；仿首饰；硬币）、T17（车辆、航空器、船舶及有关运输设备）、T18（光学、照相、电影、计量、检验、医疗设备等）、T19（武器、弹药等）、T05（矿产品）。

（二）浙江省与波兰 RCA 指数比较分析

经过对浙江省与波兰的显性比较优势指数的分析，可以发现两者在比较优势商品上既有相似之处也有互补之处。相同之处体现在，T20（杂项制品）是浙江省和波兰都具有极强国际竞争力的商品。T13（石料、石膏、水泥、石棉、云母及类似材料的制品；陶瓷产品；玻璃及其制品）和 T15（贱金属及其制品）都是浙江省和波兰具有很强比较优势的商品。T16（机器、机械器具、电气设备及其零件；录音机及放声机等设备及其零件、附件）是浙江省和波兰都具有较强国际竞争力的商品。T11（纺织原料及纺织制品）、T12（石料、石膏、水泥、石棉、云母及类似材料的制品；陶瓷产品；玻璃及其制品）、T07（塑料、橡胶及其制品）、T09（木制品；编结材料制品等）都是两方具有比较优势的商品，但是，其竞争力强度有所差异。T03（动、植物油、脂及其分解产品、精制的食用油脂等）、T05（矿产品）、T06（化学工业及其相关工业的产品）、T14（天然或养殖珍珠、宝石或半宝石等）、T18（光学、照相、电影、计量、检验、医疗或外科用仪器及设备等）、T19（武器、弹药及其零件、附件）这六类都是浙江省与波兰具有较弱国际竞争力的商品。

互补之处主要体现在 T08（生皮、皮革、毛皮及其制品；鞍具及挽具；旅行用品、手提包及类似容器；动物肠线（蚕胶丝除外）制品）类产品在浙江省具有极强的国际竞争力，而在波兰是属于较弱竞争力的产品。T01（活动物；动物产品）、T02（植物产品）、T04（食品；饮料、酒及其醋；烟草、烟草及烟草代用品的制品）、T10（木浆及其他纤维状纤维素浆；回收（废碎）纸或纸板；纸、纸板及其制品）、T17（车辆、航空器、船舶及有关运输设备）这五大类都是在波兰具有竞争优势而在浙江省是具有竞争劣势的商品。这表明双方在贸易合作中具有很大的互补性，可以通过相互支持和合作实现互利共赢。首先，从浙江省的角度来看，浙江省拥有丰富的皮革、毛皮等原材料资源，从原材料采购到产品设计、制造、销售等环节都比较完善，并具有较为成熟的技术和工艺，因此，其制造成本相对较低，能够以较为优惠的价格向国际市场提供高品质的产品。其次，从波兰的角度来看，首先波兰拥有大量的畜牧业和养殖业，牛、猪、羊等畜禽的养殖规模很大，农业和畜牧业技术较为成熟，产品质量优良，同时波兰的畜产品出口具有一定竞争力。其次波兰拥有较为丰富的农作物和果蔬资源，种植规模较大，而且波兰的种植技术和品种改良也比较成熟，因此波兰的农产品在市场上具有较强的竞争力。另外波兰拥有较多的森林资源，木浆和纸浆的生产规模较大，同时波兰的纸、纸板及其制品具有较高的质量和竞争力。相比之下，浙江省的森林资源有限，木浆和纸浆生产规模相对较小。此外，波兰的工业也比较发达，在机械制造、汽车、动力设备等领域实力雄厚，具有较强的技术和生产能力，其中波兰的汽车零部件制造业被认为是该国最活跃的制造业之一，这些产品在国际市场上也具有一定的竞争力。因此，波兰在农业和工业产品的出口上具有比较优势。

四、总结

综上所述，浙江省和波兰在贸易上具有明显的相似性和互补性，双方应该发挥各自的比较优势和具备的国际竞争力，加强合作。对于浙江省与波兰在国际市场上都具有比较优势的产品来说，可以通过展开产业内贸易合作来实现互利共赢的局面。例如两个地区可以通过加强产业链的融合和互补，形成完整的产业链，优化各自的资源配置，提高产业的附加值和国际竞争力；两个地区可以建立产业联盟，共同开展产业研究和技术创新，推进产业升级和转型发展，提高产品的核心竞争力和市场占有率；两个地区可以加强技术合作，共同开展技术转移和知识产权保护，促进技术创新和产业发展，提高产品的质量和附加值。两个地区可以共同开拓第三方市场，通过共同投资、联合营销等方式，打开新的市场渠道，拓展贸易合作领域，提高产品的市场占有率和盈利能力。

针对浙江省与波兰具有互补性的产品，双方可以通过贸易自由化、市场调研、合作平台、技术合作、投资合作和品牌合作等多种方式，加强合作，实现互利共赢。例如，可以利用两国政府签订的贸易自由化协议等方式，降低关税和非关税壁垒，推进双边贸易自由化，进一步拓展贸易规模和领域。两方的企业可以加强市场调研，了解对方市场的需求和供给情况，探索互补性合作的空间和方式。可以通过两国政府搭建双边贸易合作平台，为两方企业提供交流、合作和信息共享的平台。两地区的企业可以加强技术合作，共同开发新产品和技术，提高产品的质量和附加值，同时在投资方面展开合作，共同开发新市场，提高生产能力和竞争力。

第三节
浙江省与波兰的贸易潜力

一、浙江省与波兰的贸易潜力

贸易潜力是指贸易国之间进行双边贸易的发展潜力，贸易潜力越大表示提升空间就越大，Kalirajan（1999）将贸易潜力定义为：在一定条件下，确定此时贸易的各种影响因素的条件，基于贸易对象以最低限度束缚贸易发展的假设，贸易量所能实现的最大可能值。引力模型被广泛用于测算贸易潜力和贸易效率，传统引力模型由牛顿万有引力模型衍生得到，自21世纪以来，根据研究内容需要，学者们通常在传统引力模型中增加各种因素来显示与两国之间贸易额的关系，本书借鉴《浙江省与斯洛伐克经贸合作发展报告（2012—2021）的方法，加入经济因素和贸易政策因素作为解释变量，通过构建扩展的引力模型分析浙江省与波兰的贸易潜力。

(一) 引力模型构建

传统的贸易引力模型认为，两国之间贸易流量与两国的经济总量成正比，与两国之间的距离成反比。传统的引力方程为：

$$IMP_{ij} = \frac{GDP_i \times GDP_j}{D_{ij}}$$

其中，IMP_{ij}表示 i 国和 j 国之间贸易额，GDP_i 和 GDP_j 分别表示两国经济总量，D_{ij}表示两国间直线距离。为了增强研究结论的可靠性和准确性，本书将研究范围扩大为浙江省与中东欧国家的贸易，根据目前中国-中东欧合作框架的成员以及数据可得性，研究对象包括阿尔巴尼亚、保加利亚、波黑、捷克、克罗地亚、希腊、匈牙利、北马其顿、波兰、罗马尼亚、斯洛伐克和斯洛文尼亚共十二个样本国，结合具体的研究内容和数据可得性，本书基于以下核心变量构建拓展的引力模型：

1. 被解释变量

X_{ij}、EX_{ij}、IM_{ij}分别表示浙江省与中东欧国家的双边贸易总额、浙江省对中东欧国家出口产品总额、浙江省从中东欧国家进口产品总额；

2. 解释变量

(1) 人口数量。模型中用 POP_i、POP_j 分别表示浙江省和中东欧国家的人口总量，即国家需求规模。一般而言，需求规模越大，出口和进口的贸易规模越大，贸易额越高，两者呈正相关关系。

(2) 距离。公式中 dis_{ij} 表示浙江省会城市与中东欧国家首都之间的直线距离。然而距离本身是一个固定变量，不会随着时间变化而变化，是一个非时序衡变量，为了避免共线性等问题，引入面板数据时将距离除以当年的国际原油价格指数（原油价格），从而将距离变成一个随着时间变动的时序变量。距离是一种对贸易运输成本的表征，一般而言，地理距离越远越是阻碍双边贸易，与贸易额呈负相关关系。

(3) 贸易双方国家人均 GDP 之差的绝对值。用 $absgdp_{ij}$ 表示浙江省与中东欧国家的人均 GDP 之差的绝对值，衡量的是消费结构差异，当人均 GDP 之差的绝对值越小，说明浙江省与中东欧国家的消费结构差异越小，则两地的需求相似度越高，越有利于产品的贸易，对于双边贸易总额、进口总额和出口总额具有促进作用，因此 $absgdp_{ij}$ 与贸易额呈负相关关系。

(4) 是否加入 WTO。若是中国与中东欧国家同为世贸组织成员国，受到相同的规则约束，享受相同的政策福利，有利于双边的贸易。若同为世贸组织成员国则取 1，否则取 0。

以上数据来源如表 5-8 所示。

表 5-8　　　　　　模型变量含义及数据来源

变量名称	变量含义	数据来源
$Ln\ X_{ij}$、$Ln\ EX_{ij}$、$Ln\ IM_{ij}$	浙江省与中东欧国家产品进出口贸易总额、出口产品总额、进口产品总额取对数	EPS 数据库 – 中国商品贸易数据库
$Ln\ POP_i$	浙江省人口总量取对数	《浙江统计年鉴》
$Ln\ POP_j$	中东欧国家人口总量取对数	世界银行数据库
$Ln\ dis_{ij}$	浙江省省会与中东欧国家首都的距离取对数	http://www.indo.com 中的距离计算器
$Ln\ absgdp_{ij}$	浙江省与中东欧国家的 GDP 之差绝对值取对数	世界银行数据库经整理而得
WTO	是否加入 WTO	世贸组织官网

基于以上变量选择，构建如下拓展引力模型：

$$Ln\ X_{ij} = \alpha_1 Ln\ POP_i + \alpha_2 Ln\ POP_j + \alpha_3 Ln\ dis_{ij} + \alpha_4 Ln\ absgdp_{ij} + \alpha_5 WTO_j + \varepsilon_1 \tag{1}$$

$$Ln\ EX_{ij} = \beta_1 Ln\ POP_i + \beta_2 Ln\ POP_j + \beta_3 Ln\ dis_{ij} + \beta_4 Ln\ absgdp_{ij} + \beta_5 WTO_j + \varepsilon_2 \tag{2}$$

$$Ln\ IM_{ij} = \gamma_1 Ln\ POP_i + \gamma_2 Ln\ POP_j + \gamma_3 Ln\ dis_{ij} + \gamma_4 Ln\ absgdp_{ij} + \gamma_5 WTO_j + \varepsilon_3 \tag{3}$$

（二）实证结果分析

本书首先对被解释变量与人口、距离作回归分析结果如表 5-9 中列 (1)(3)(5) 所示，然后在此基础上加入经济因素和政策因素变量，加入人均 GDP 之差的绝对值和是否加入世贸组织变量，最后进行估计检验，结果见表 5-9 中列 (2)(4)(6)。根据 Hausman 检验结果本书采用随机效应检验，检验结果如表 5-9 所示。

表 5-9 浙江省与中东欧国家引力模型回归检验结果

变量名称	Ln X$_{ij}$		Ln EX$_{ij}$		Ln IM$_{ij}$	
	(1)	(2)	(3)	(4)	(5)	(6)
Ln POP$_i$	11.31*** (9.73)	12.86*** (10.21)	11.67*** (9.84)	13.23*** (3.96)	11.67*** (9.84)	11.57*** (3.96)
Ln POP$_j$	0.97*** (3.20)	0.88*** (3.19)	1.03*** (3.17)	0.94*** (-3.15)	1.03*** (3.17)	0.91*** (-3.15)
Ln dis$_{ij}$	-0.52** (-2.33)	-1.36*** (-2.96)	-0.41* (-1.72)	-1.22*** (-2.60)	-0.41* (-1.72)	-1.81** (-2.13)
Ln absgdp$_{ij}$		-1.47** (-2.36)		-1.46** (-2.28)		-1.21* (-1.19)
WTO$_j$		1.75*** (2.66)		1.95*** (2.76)		0.35* (1.55)
_cons	-195.20*** (-8.71)	-208.34*** (-9.47)	-202.72*** (-8.81)	-216.48 (-9.58)	-202.73*** (-8.81)	-189.52*** (-3.72)
N	120	120	120	120	120	120
R^2	0.70	0.70	0.65	0.66	0.76	0.75

注：***、**、*分别表示1%、5%、10%的显著性水平；括号内为聚类稳健标准误。

根据以上检验结果，各变量系数情况均符合假设，因此得到各个变量的系数并代入公式（1）（2）（3）中得到如下结果：

$$Ln\ X_{ij} = 12.856 Ln\ POP_i + 0.881 Ln\ POP_j - 1.362 Ln\ dis_{ij} -$$
$$1.472 Ln\ absgdp_{ij} + 1.745\ WTO_j - 208.338 \quad (4)$$

$$Ln\ EX_{ij} = 13.228 Ln\ POP_i + 0.942 Ln\ POP_j - 1.222 Ln\ dis_{ij} -$$
$$1.458 Ln\ absgdp_{ij} + 1.953\ WTO_j - 216.482 \quad (5)$$

$$Ln\ IM_{ij} = 11.570 Ln\ POP_i + 0.912 Ln\ POP_j - 1.806 Ln\ dis_{ij} -$$
$$1.212 Ln\ absgdp_{ij} + 0.347\ WTO_j - 189.522 \quad (6)$$

（三）贸易潜力测算

刘青峰和姜书竹（2002）提出了贸易潜力系数和潜力类型的三个标准，在贸易潜力分析中使用最为广泛。将贸易潜力分为三类，通过实际贸易额与模型测算出的预测贸易额的比值大小将贸易潜力分为潜力巨大型、潜力开拓型和潜力再造型，具体划分如表5-10所示。

$$贸易潜力值 = \frac{实际贸易额}{预测贸易额}$$

表 5 – 10　　　　　　　　　　潜力指数分类表

潜力分类	划分依据	贸易评估	内涵
潜力巨大型	P < 0.8	贸易联系不足	贸易双方的贸易联系不足，还有很大的发展空间，市场前景较为广阔
潜力开拓型	0.8 ≤ P ≤ 1.2	贸易联系稳定	贸易双方的贸易潜力尚未完全显现出来，仍有进一步发展的空间
潜力再造型	P > 1.2	贸易联系密切	贸易双方的市场趋于饱和状态，现有贸易潜力已耗尽，需要开拓新的有利于贸易的因素

本书根据前文检验将浙江省与波兰相关数据代入模型中计算得到浙江省与波兰的贸易潜力值，如表 5 – 11 所示。

表 5 – 11　　　　2012—2021 年浙江省与波兰贸易潜力测算结果

贸易潜力类别	2012 年	2013 年	2014 年	2015 年	2016 年	2017 年	2018 年	2019 年	2020 年	2021 年	均值
双边贸易潜力	1.31	1.31	1.32	1.39	1.40	1.39	1.37	1.38	1.42	1.36	1.37
出口贸易潜力	1.27	1.27	1.28	1.34	1.35	1.34	1.32	1.33	1.36	1.31	1.32
进口贸易潜力	1.56	1.54	1.57	1.68	1.71	1.68	1.61	1.68	1.80	1.67	1.65

由表 5 – 11 可以看出浙江省与波兰双边、出口和进口贸易潜力值的情况，由于贸易潜力值均大于 1.2，因此从三个方面来看浙江省与波兰的贸易潜力类型均属于潜力再造型，这说明浙江省与波兰之间的贸易联系较为密切，双方贸易市场达到饱和状态，即"贸易过度"，双方之间贸易潜力非常有限，双边贸易只有在发展新的积极影响因素的条件下才会有较大发展空间。

二、浙江省与波兰分产品类别贸易潜力分析

本节进一步对浙江省与波兰在不同类型产品层面的贸易潜力进行分析。在产品分类标准的选择上，采用 Basu（2011）的产品技术分类，将产品按技术和技能含量分为六大类（如表 5 – 12 所示），该分类方法是基于国际产品协调系统（HS）2002 年产品分类目录。在 Basu（2011）的分类方法中，产品组有 HS – 4 分位和 HS – 6 分位。本书采用 HS – 2 分位，得到 BACI 中 2 位码产品按照 Basu（2011）的具体分类下的不同产品。

表 5-12　　Basu（2011）的产品分类标准

产品类别	代码	产品细目
非燃料初级产品	A	活的禽畜、冷冻禽畜肉、鱼类、牛奶、可可、谷物等
资源密集型产品	B	生石灰、木粉、水泥、纸类品、加工过的棉织品等
低技能和技术密集型制成品	C	陶瓷、合金钢、软木塞、贱金属制品、机车部件等
中技能和技术密集型制成品	D	人造肠子、蒸汽和蒸汽涡轮机的零件、燃气热水器等
高技能和技术密集型制成品	E	氟化氢、恒温器、制药、航空设备、烟雾分析仪器等
矿物燃料	F	人造花、树叶等物品、钢琴零件和配件、墨盒、猎枪等

（一）模型设定

与前文保持一致，为了增强研究结论的可靠性和准确性，将研究范围扩大为浙江省与中东欧国家的贸易，共 12 个样本国，并继续采用引力模型来估算浙江省与波兰在以上产品分类标准上不同产品的贸易潜力，建立模型如下：

$$\text{Ln } X_{ij} = \alpha_1 \text{Ln POP}_i + \alpha_2 \text{Ln POP}_j + \alpha_3 \text{Ln dis}_{ij} + \alpha_4 \text{Ln absgdp}_{ij} + \alpha_5 \text{WTO}_j + \varepsilon_1 \tag{7}$$

$$\text{Ln EX}_{ij} = \beta_1 \text{Ln POP}_i + \beta_2 \text{Ln POP}_j + \beta_3 \text{Ln dis}_{ij} + \beta_4 \text{Ln absgdp}_{ij} + \beta_5 \text{WTO}_j + \varepsilon_2 \tag{8}$$

$$\text{Ln IM}_{ij} = \gamma_1 \text{Ln POP}_i + \gamma_2 \text{Ln POP}_j + \gamma_3 \text{Ln dis}_{ij} + \gamma_4 \text{Ln absgdp}_{ij} + \gamma_5 \text{WTO}_j + \varepsilon_3 \tag{9}$$

基于上述对贸易产品类别的划分标准对浙江省与中东欧各国贸易额作进一步分类，模型中 X_{ij}、EX_{ij}、IM_{ij} 分别表示以 2012—2021 年浙江省和中东欧样本国分产品类别的贸易总额、出口总额和进口总额，其他变量保持不变，POP_i 和 POP_j 分别表示浙江省和中东欧国家的人口总量，dis_{ij} 表示浙江省会城市与中东欧国家首都之间的直线距离，$absgdp_{ij}$ 表示浙江省与中东欧国家的人均 GDP 之差的绝对值，WTO 表示中国与中东欧国家是否同为世贸组织成员国，数据来源与前文一致，不再继续展示。

（二）实证结果分析

基于以上引力模型进行实证检验，模型回归检验结果如表 5-13、表 5-14、表 5-15 所示：

表 5-13　　浙江省与中东欧国家分产品类别双边贸易引力模型回归检验结果

变量	Ln X$_{ij}$					
	Ln X$_{ij1}$	Ln X$_{ij2}$	Ln X$_{ij3}$	Ln X$_{ij4}$	Ln X$_{ij5}$	Ln X$_{ij6}$
Ln POP$_i$	32.60*** (6.02)	0.74 (-0.32)	4.18*** (2.61)	77.44*** (21.58)	67.74*** (25.32)	26.78*** (16.77)
Ln POP$_j$	1.07*** (3.73)	0.68* (1.76)	1.00*** (4.85)	1.01*** (4.80)	0.91*** (4.79)	1.12*** (4.61)
Ln dis$_{ij}$	-0.10 (-0.31)	-2.36*** (-2.8)	-2.45 (-0.30)	-4.47 (-0.55)	-0.01*** (-3.79)	-0.20** (-2.14)
Ln absgdp$_{ij}$	-1.42*** (3.64)	-2.94*** (-2.64)	-1.88 (-0.23)	-3.61 (-0.44)	-1.13*** (-4.44)	0.67** (2.30)
WTO$_j$	0.19 (0.20)	1.79 (1.52)	1.72*** (2.95)	0.32 (0.53)	1.24** (2.07)	1.83** (2.35)
_cons	-592.82*** (-6.25)	48.44 (1.22)	-55.88 (-0.69)	-1 338.07*** (-13.47)	-1 208.23** (-25.61)	-481.42*** (-17.23)
N	120	120	120	120	120	120
R^2	0.68	0.43	0.88	0.86	0.91	0.87

注：***、**、*分别表示1%、5%、10%的显著性水平；括号内为聚类稳健标准误。

表 5-14　　浙江省与中东欧国家分产品类别出口贸易引力模型回归检验结果

变量	Ln EX$_{ij}$					
	Ln EX$_{ij1}$	Ln EX$_{ij2}$	Ln EX$_{ij3}$	Ln EX$_{ij4}$	Ln EX$_{ij5}$	Ln EX$_{ij6}$
Ln POP$_i$	34.32*** (6.53)	2.98 (-1.21)	2.52* (1.65)	79.30*** (17.78)	68.23*** (24.64)	26.61***
Ln POP$_j$	0.93** (2.45)	0.79** (1.97)	1.00*** (4.15)	1.04*** (5.10)	0.90*** (4.80)	1.11*** (-4.55)
Ln dis$_{ij}$	-0.14 (-0.43)	-1.86* (-2.10)	-2.05 (-0.22)	-0.62** (-2.22)	-0.62*** (-3.63)	-0.17* (-1.94)
Ln absgdp$_{ij}$	1.47*** (2.90)	-2.37** (-2.02)	-1.34 (-0.14)	0.89*** (3.20)	1.10*** (4.36)	0.65** (2.24)
WTO$_j$	-0.26 (-0.21)	2.62** (2.17)	1.49** (2.19)	0.22 (0.34)	1.23** (2.07)	1.83** (2.35)
_cons	-620.43*** (-6.74)	79.78* (1.90)	-31.43 (-0.34)	-1 408.96*** (-18.03)	-1 214.19*** (-25.04)	-478.26*** (-17.62)
N	120	120	120	120	120	120

续表

变量	Ln EX$_{ij}$					
	Ln EX$_{ij1}$	Ln EX$_{ij2}$	Ln EX$_{ij3}$	Ln EX$_{ij4}$	Ln EX$_{ij5}$	Ln EX$_{ij6}$
R^2	0.61	0.51	0.87	0.84	0.91	0.87

注：***、**、*分别表示1%、5%、10%的显著性水平；括号内为聚类稳健标准误。

表5-15　　浙江省与中东欧国家分产品类别进口贸易引力模型回归检验结果

变量	Ln IM$_{ij}$					
	Ln IM$_{ij1}$	Ln IM$_{ij2}$	Ln IM$_{ij3}$	Ln IM$_{ij4}$	Ln IM$_{ij5}$	Ln IM$_{ij6}$
Ln POP$_i$	35.37** (2.29)	14.74** (2.19)	6.54 (0.59)	124.23*** (9.38)	82.17*** (9.48)	25.87** (2.45)
Ln POP$_j$	2.24*** (6.73)	0.80 (1.60)	1.11*** (2.88)	1.46*** (3.80)	1.25** (2.23)	1.00* (1.72)
Ln dis$_{ij}$	-0.16 (-0.16)	-0.36 (-0.87)	-1.39** (-1.99)	-0.18 (-0.21)	-0.64 (-1.18)	-40.28* (-1.79)
Ln absgdp$_{ij}$	0.94* (1.75)	1.73** (2.59)	1.47*** (2.78)	1.01* (1.86)	2.99** (3.81)	-38.78* (-1.72)
WTO$_j$	3.13 (1.25)	2.87* (1.81)	1.04 (0.84)	1.92 (1.38)	0.01 (0.01)	0.43 (0.24)
_cons	-661.73** (-2.44)	252.08** (2.14)	-125.46 (-0.65)	-2220.10*** (-9.51)	-1487.59*** (-9.76)	-111.54 (-0.39)
N	120	120	120	120	120	120
R^2	0.49	0.43	0.42	0.56	0.49	0.40

注：***、**、*分别表示1%、5%、10%的显著性水平；括号内为聚类稳健标准误。

Ln X$_{ij1}$ – Ln X$_{ij6}$、Ln EX$_{ij1}$ – Ln EX$_{ij6}$、Ln IM$_{ij1}$ – Ln IM$_{ij6}$分别表示非燃料初级产品、资源密集型产品、低技能和技术密集型制成品、中技能和技术密集型制成品、高技能和技术密集型制成品、矿物燃料的双边贸易总额、出口贸易总额和进口贸易总额取对数，上述回归结果与前文浙江省与中东欧各国总体贸易估计结果的系数及显著性相似。

(三) 浙江省与波兰产品细分的贸易潜力测算

根据回归结果，将各个变量的系数代入模型中并把浙江省与波兰的数据代入可得到各类产品贸易额的预期值，根据贸易潜力计算公式得到各类产品的双边贸易潜力、出口贸易潜力和进口贸易潜力，计算结果如表

5-16 所示。

表 5-16　　浙江省与波兰产品细分的双边贸易潜力

类别	2012 年	2013 年	2014 年	2015 年	2016 年	2017 年	2018 年	2019 年	2020 年	2021 年	均值
A	1.29	1.27	1.27	1.27	1.28	1.20	1.19	1.17	1.16	1.15	1.22
B	0.88	0.87	0.86	0.87	0.86	0.90	0.89	0.89	0.89	0.88	0.88
C	0.93	0.93	0.92	0.92	0.92	0.92	0.92	0.92	0.91	0.91	0.92
D	1.18	1.17	1.17	1.17	1.16	1.03	1.02	1.02	1.01	0.99	1.09
E	1.23	1.22	1.22	1.21	1.21	1.07	1.06	1.06	1.05	1.03	1.13
F	1.08	1.07	1.05	1.05	1.04	1.03	1.02	1.02	1.01	1.00	1.04

表中测算得到了浙江省与波兰各种类型产品的双边贸易潜力，根据贸易潜力平均值和贸易潜力类型可以看出，从双边贸易角度来看，浙江省与波兰的非燃料初级产品贸易潜力均值达到 1.22，属于潜力再造型，说明贸易双方在 A 类产品的市场趋于饱和，而其他产品都属于潜力开拓型。对各类产品分年份来看，2012—2017 年 A 类产品一直保持 1.2 以上的贸易潜力值，2018 年开始有所下降，迈入潜力开拓型，说明对于 A 类产品贸易双方联系有所放松。B 类、C 类产品贸易潜力值则在 2012—2021 年无明显波动，处于贸易联系比较稳定的发展阶段。D 类、E 类、F 类产品一直处于贸易开拓型，但可以明显看出其贸易潜力值一直呈现出不同幅度的下降趋势，说明产品的贸易联系有所减弱，其中 E 类产品贸易潜力值从潜力再造型变为潜力开拓型。总体来看，浙江省与波兰双方贸易联系密切稳定，但大部分产品贸易潜力尚未完全显现出来，仍有进一步的发展空间。

表 5-17　　浙江省与波兰产品细分的出口贸易潜力

类别	2012 年	2013 年	2014 年	2015 年	2016 年	2017 年	2018 年	2019 年	2020 年	2021 年	均值
A	1.31	1.07	1.07	1.07	1.07	1.00	1.00	0.98	0.97	0.97	1.05
B	0.93	0.92	0.91	0.92	0.92	0.95	0.94	0.94	0.94	0.93	0.93
C	0.92	0.92	0.91	0.91	0.91	0.91	0.91	0.91	0.90	0.91	0.91
D	1.20	1.19	1.19	1.19	1.18	1.05	1.04	1.04	1.03	1.01	1.11
E	1.24	1.23	1.23	1.22	1.22	1.08	1.07	1.07	1.06	1.05	1.15
F	1.09	1.08	1.07	1.07	1.06	1.05	1.04	1.04	1.03	1.01	1.05

浙江省对波兰出口产品的贸易潜力测算结果如表 5-18 所示，根据均

值来看，A、B、C、D、E、F 这六类产品均属于出口潜力开拓型产品，其中，A 类产品 2012 年出口贸易潜力值达 1.31，属于潜力再造型，2013 年开始便保持潜力开拓型，且潜力值呈现逐年下降趋势，说明浙江省对波兰在 A 类产品出口方面联系减弱。B、C、F 这三类产品贸易潜力值自 2012—2021 年均无明显波动，贸易联系较为稳定。D、E 这两类产品在样本期间内都从潜力再造型变为潜力开拓型。总体来看，在出口贸易潜力方面，浙江省与波兰贸易联系稳定，但潜力也未完全显现，有进一步的发展空间。

表 5-18　　　　浙江省与波兰产品细分的进口贸易潜力

类别	2012 年	2013 年	2014 年	2015 年	2016 年	2017 年	2018 年	2019 年	2020 年	2021 年	均值
A	1.61	1.41	1.39	1.41	1.43	1.35	1.30	1.31	1.29	1.27	1.38
B	1.16	1.26	1.26	1.22	1.20	1.25	1.25	1.23	1.21	1.21	1.22
C	1.08	1.06	1.05	1.11	1.12	1.23	1.18	1.16	1.15	1.08	1.12
D	1.40	1.36	1.39	1.39	1.41	1.24	1.23	1.17	1.22	1.16	1.30
E	1.79	1.73	1.68	1.78	1.77	1.44	1.45	1.42	1.34	1.37	1.58
F	1.47	1.40	1.31	1.33	1.33	1.37	1.38	1.36	1.28	1.32	1.36

浙江省对波兰进口产品的贸易潜力测算结果如表 5-18 所示，从均值水平来看，浙江省与波兰产品细分的进口贸易潜力都很高，只有 C 类产品即低技能和技术密集型制成品属于潜力开拓型，其他产品进口贸易潜力值均大于 1.2，均属于潜力再造型。从历年的发展情况来看，低技能和技术密集型制成品的贸易潜力只有 2019 年时大于 1.2，成为潜力再造型产品，意味着 2019 年时浙江省对波兰关于陶瓷、合金钢、软木塞、贱金属制品、机车部件等产品的进口较多，具有较为密切的进口贸易联系。其他几类产品进口贸易潜力值都较高，说明这些产品贸易联系非常密切，进口贸易额高，进口市场的贸易空间已经饱和，需要重新考虑开拓新的贸易空间和贸易方式。

第三篇

浙江省与波兰的投资合作

第六章

波兰的投资环境概述

第一节
浙江省与波兰的投资现状

2012—2021年浙江省对波兰投资规模如图6-1所示，除2014年为实物投资外，其余年份均为货币投资。整体上浙江省对波兰投资总额呈现爆发式增长。浙江省对波兰投资规模从2012年的10万美元增长到2021年的1 697.19万美元，10年间增长高达169倍。其中，2012—2018年增长幅度较小，2014年出现较大幅度的增长后趋于平缓，2018年后呈现波浪式增长态势，2019年同比增长超过30倍，投资总额达10年间最高值2 147.73万美元。可以看出，近3年来浙江省对波兰的投资规模迅速扩大，虽然投资规模变动较大，但是仍处在高速增长的阶段。

波兰对浙江省10年间投资情况如图6-2所示，除2013年由于零投资而出现小幅度下降外，其余年份均呈现增长趋势，投资总额从2012年的23万美元增长到2021年的364万美元，10年间增长超过15倍。

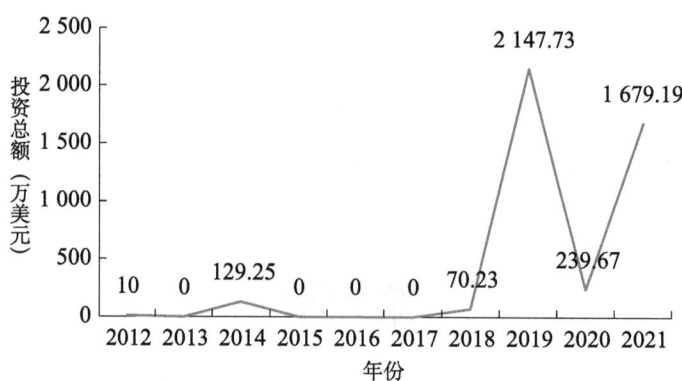

图 6-1　2012—2021 年浙江省对波兰投资总额

数据来源：浙江省商务研究院。

2012—2018 年呈现平稳增长，2018 年后增长幅度显著提升，其中 2020 年增长率最高，同比增速高达 240%。

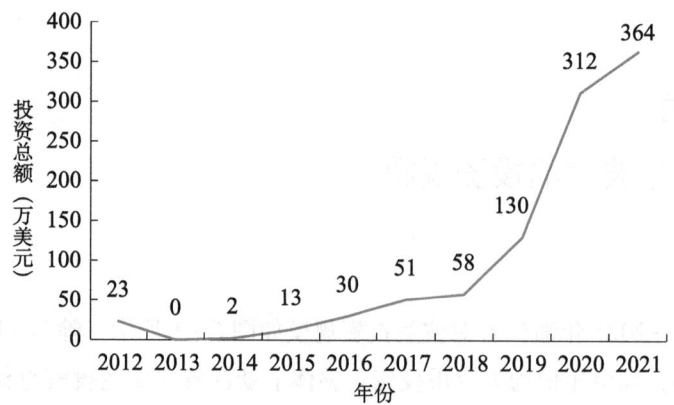

图 6-2　2012—2021 年波兰对浙江省投资总额

数据来源：浙江省商务研究院。

结合上述图表可见，10 年间浙江省与波兰双向投资规模均呈现增长趋势，从无到有再到颇具规模，尤其是近三年双方投资总额增幅较高。虽然 2012 年浙江省对波兰投资规模略低于浙江省吸收波兰外资规模，并且在 2013、2015、2016 和 2017 年出现了零投资现象，但其近 3 年增长速度远高于吸收外资的速度，到 2021 年，浙江省对波兰投资规模是吸收波兰外资的四倍之多。

第二节
波兰的投资环境

一、自然资源环境

波兰是中东欧地区国土面积最大的国家,也是该地区资源最丰富的国家。主要矿产资源有页岩气、煤炭、银、铜、铅、铝、锌等,煤炭、银、铜和铅的储产量均居世界前列,铜和煤炭产业为波兰重点产业。硬煤生产和出口量居欧洲第二位,仅次于俄罗斯;铜产量居世界第九位,欧洲第二位。波兰的煤炭采矿安全技术和管理水平处于世界领先地位。

(一)能源资源

煤炭是波兰基本的能源载体,波兰的煤炭储量约1 170亿吨,居欧洲第四位,产量和出口量居世界前列。其中,硬煤和褐煤确保了波兰的能源独立性,占比高达70%—80%。波兰是欧洲中部最大的硬煤生产国,能满足欧盟总需求量的10%,硬煤1 000亿吨,主要分布在西里西亚北部、瓦夫布日赫和卢布林地区,可供开采160年以上;褐煤198亿吨,分布在波兰中部和西南部,可供开采30年以上。波兰是继俄罗斯之后欧洲第二大硬煤生产国和出口国,也是褐煤的重要生产国。煤炭资源的开采对于波兰的电力行业有着重要意义,目前波兰主要依靠煤炭发电,而且未来这种能源结构也不会发生根本性的变化。

与丰富的煤炭储量相比,波兰的油气资源较为匮乏,对外依存度较高。石油储量为6 440万吨(可开采的石油为1 000万吨),天然气储量约为1 180亿立方米,国内天然气产量占需求量的37%左右。世界最长的油管 Przyjaźń 贯穿波兰。天然气通过数条管道运输,其中最重要的是 Yamal 管道。为了能源来源可靠,波兰政府制订了长期的战略,以扩大其气体供给的选择。此外,据波兰地理协会评估,页岩气储量为3 460亿—7 680亿立方米,居欧洲之首,随着波兰的开采技术不断成熟,也逐渐具备了出口页岩气的能力。近年来,波兰的可再生能源产业发展势头强劲,可再生资源在资源消费结构中占比不断增加,其中风能是可再生能源行业最具发展潜力的。

(二)矿产资源

波兰拥有丰富的矿产资源,煤、硫黄、铜、银的产量和出口量居世界前列。截至2019年底,已探明硬煤储量为6 433亿吨,褐煤232.6亿吨,硫磺5亿吨,铜银19.9亿吨,其他资源还有锌、铅、天然气、盐、琥珀等。铜储量为16亿吨,居欧洲之首(约占世界储量的10%),大多分布在下西里西亚地区、西部戈茹夫地区。以目前的开采速度,还可开采40年左右。银矿藏厚度从几厘米到几十厘米不等,含银量较大,开采收益率较高。波兰还是居俄罗斯之后欧洲第二大、世界第九大产铜国,产出的铜和银主要面向欧盟市场,波兰铜业股份有限公司是波兰最大的铜生产商、出口商和世界最大的铜、银生产商之一。波兰的银储量和储量基础居世界首位,分别为5.1万吨和14万吨,占世界银储量和储量基础的18.8%和24.685%。铅锌矿石储量为350万吨,主要分布在卡托维兹地区。此外,硫磺储量超过1亿吨,居欧洲之首,主要分布在维斯瓦河中游。

(三)森林资源

波兰森林资源十分丰富,森林面积为873.2万公顷,森林覆盖率近30%。其中,国有林占83%,民有林占17%。全国有几大森林区,包括北部的图霍拉森林、诺特茨森林、皮斯森林和西部的下西里西亚密林以及南部的苏台德山林和西南部的喀尔巴阡山林。

波兰的草本植物较为齐全,花卉品种也很多。花卉主要有月季、非洲菊、兰花、康乃馨、三色堇、垂叶榕、非洲紫罗兰、肾蕨、秋海棠以及杜鹃等,其中三色堇为国花。此外,波兰种植各类果树,其中苹果树最多,是世界上最大的苹果出口国。

(四)水资源

波兰拥有大量的河流和湖泊,是一个水资源丰富的国家。维斯瓦河(Vistula River)是波兰最长的河流,流经波兰中部,是波兰最重要的河流之一。此外,波兰还有许多其他河流,如奥得河(Oder River)等。波兰的湖泊数量众多,包括马祖里湖(Lake Mamry)和希维尔湖(Lake

Święcajty）等。波兰拥有丰富的地下水资源，可以用于供水和农业灌溉。地下水是波兰饮用水主要的来源之一。

二、经济环境

（一）经济运行状况

波兰宏观经济稳步增长，存在一定的发展潜力。自1990年实行经济自由化改革，波兰的宏观经济稳定增长与低通货膨胀率并存，财政状况持续改善，失业率不断降低，近年来经济增长放缓。在2008—2009年全球金融危机中，波兰成为欧盟成员国中唯一经受住打击没有陷入负增长的国家。2004年加入欧盟后，欧盟结构基金推动了波兰经济持续发展，伴随资源的共享和产业的转移，波兰的经济增长水平逐步超过了欧盟平均水平，经济增长率于2007年达到峰值7.0%。2020年，受新冠疫情等因素影响，波兰经济首次出现衰退，国内生产总值（GDP）约合5 941亿美元，本币计算GDP同比下降2.8%，但衰退程度低于其他主要欧洲国家，受疫情影响较轻。2021年波兰GDP总量为6 740.48亿美元，同比增长5.73%。2004年加入欧盟后，经济增速居欧盟国家前列，经济总量在欧盟列第六位。波兰经济总量、对外贸易等方面均居中东欧国家之首，遵循欧盟统一市场规则，辐射欧盟5.1亿人口大市场，是欧盟资金最大受益国之一，经济发展潜力大。在后疫情时期，波兰制定了《国家重建计划》，其中数字化转型、能源转型和降低能耗、绿色智能出行、医疗保健、基础设施等是重点支持领域，具有较大发展潜力。

（二）金融体系

波兰金融体系开放稳定，管理良好，国际评级机构穆迪一直给予波兰A2的较高评价，并将展望设为稳定。波兰转轨以来，对银行业进行了一系列改革，商业银行得到很大的发展，银行私有化已基本完成。波兰汇率采用自由浮动汇率，兹罗提可与其他主权货币自由兑换，汇率完全由市场供求决定。根据波兰《外汇法》，波兰不进行外汇管制，仅对国际收支资本项目进行管制，从这一点可以看出，波兰对资本项目的开放较为谨慎。在汇兑上，波兰不进行汇兑限制。在波兰注册的外国企业可以在银行开设外汇账户，用于进出口和资本结算。在融资条件方面，外资企业与当地企业享受同等待遇。

波兰的金融市场主要有债券市场、货币市场、证券交易市场。债券市场主要用于政府发行各类债券，随着经济的增长，近年来企业发行债券的规模也在不断增长。波兰是金融市场较为稳定的欧洲国家之一，其银行系统十分稳定，经受得住欧债危机的考验。华沙证券交易所是波兰唯一的证券市场（经营股票、情费、债务交易、投资凭证、衍生工具和期货交易），也是中东欧地区第二大证券交易市场，正成为中东欧区域投资中心，实际上它也是中东欧地区最大的股票交易市场。

此外，波兰是中东欧地区最大的金融科技市场，其市场价值估计为8.56亿欧元。华沙是波兰创业公司的聚集地，也是中东欧地区金融中心。全球金融中心指数（GFCI）将华沙列为中东欧地区第12大最具竞争力的金融中心，在全球排第45位。波兰拥有高素质的金融领域人才和高技能的IT专业人士。在波兰，有超过100家金融科技创新公司，涉及电子支付、金融平台、贷款、信贷、加密货币、交易、数据分析（信用评分）、机器学习、众筹和P2P。2015年，谷歌开设了华沙区域中心，这是世界第五个区域中心，也是中东欧地区第一个谷歌区域中心。2017年，微软又开设了另一个孵化器。

（三）对外开放程度

波兰是一个出口导向型国家，其对外贸易占据了经济活动的重要部分。波兰出口各种产品，包括机械设备、化工产品、食品和农产品等。波兰与欧洲国家以及其他全球市场有广泛的贸易联系。波兰作为欧洲联盟（EU）的成员国，这使得波兰与其他欧洲国家之间有着紧密的经济、政治和法律联系。作为EU成员国，波兰可以享受到欧洲内部市场的自由贸易和投资机会，同时也需要遵守EU的法规和标准。众多跨国公司在波兰境内设立分支机构和生产基地，包括汽车制造公司、电子公司、制药公司等。这些公司的存在促进了波兰的经济增长和技术发展。此外，波兰也在旅游业方面表现出色，吸引了大量国际游客。波兰拥有丰富的历史文化遗产，包括克拉科夫、华沙等世界知名的旅游目的地。

三、政策法制环境

（一）政治稳定状况

1997年4月，波兰国民大会通过新宪法，宪法确立了三权分立的政治制度，总统是国家的最高代表，负责维护宪法和国家的安全。总统由全民直接选举产生，任期 5 年。议会由众议院和参议院组成，是国家最高立法机构，任期 4 年。总理由总统提名，议会任命。各部部长由总理提名，议会任命。最高法院是国家最高审判机关。波兰国内政局稳定，与周边各国也维持了良好的外交关系，所以在波兰的投资安全性可以得到保障。

波兰是首批承认新中国的国家之一，与中国的友谊源远流长。建交以来，两国关系稳定发展。尤其是"一带一路"倡议实施以来，中波经贸合作成效显著，中欧货运班列多条线路经过或抵达波兰，两国地方和企业交往日益密切。未来两国政治经济上的合作会不断加深，中国企业在波兰的投资有望得到进一步发展。

（二）投资优惠政策

波兰具有较为优惠的投资贸易安排，政府出台了一系列激励政策以吸引外国直接投资。波兰通过政府补助、欧盟结构基金支持、税收减免等措施鼓励外国投资。2015—2019 年，波兰政府实施"负责任的经济发展战略"，推行再工业化、鼓励创新、海外扩展、家庭"500＋计划"等经济社会政策，同时还有针对新技术采购及研发中心的专门的税收优惠抵扣。波兰还整合欧盟层面相关支持政策对投资者新创岗位和实业投资予以补助，补助金额最多可达总投资的 50%。

对于外商直接投资，波兰政府给予国民待遇和政策优惠，外商投资者不仅不受投资领域限制，还可以在波兰购买不动产，其投资收益可全面返回本国。此外，波兰政府还进一步规定，对于外商投资者出售的固定资产，只要满足 3 年内不进行转移的门槛要求，可获得进口关税免缴待遇。特别经济区的企业在投资项目时，进口的机械设备也可享受免税优惠。作为欧盟成员国，波兰自 2004 年加入欧盟后，进一步完善了其法律体系。波兰遵循欧盟统一市场规则，欧盟与第三国签署的国际经贸协定可直接适用波兰。根据波兰《在经济特区支持对国民经济有重要意义的投资计划》，投资者可向政府申请特定资助，并享受政府投资激励拨款补助（《波兰重大投资支持计划（2011—2030）》，2019 年 10 月 1 日最新修订）。若投资者在汽车、电子、航空、生物技术、现代服务业及研发等行业进行新投资，有多种资助方式可以选择。

2018 年 6 月 30 日，波兰出台《支持新投资法案》，取代原特殊经济区政策，税收减免突破地域限制，实现全国化，获得投资支持的标准也相应调整变化，特别是支持中、小微型企业的优惠增加了10个到20个基点。波兰投资区作为特别经济区的"接力棒"和升级版，成为波兰在新的世界与地区经济大环境中谋求经济增长、实现产业结构优化等目标的重要工具。波兰还对企业研发活动进行资助。自2019年1月1日以来，波兰政府为投资者的研发创新活动提供了大量支持，包括研发税收减免、创新工具盒、政府研发补助，以及一系列欧盟基金支持。其中，研发税收减免措施使得企业研发活动所得税可以按照最高150%的金额加计扣除。创新工具盒对符合条件的知识产权所获取的收入给予5%的特别优惠税率，此举也适用于纳税人通过对购买的知识产权进行投入或提升而获取的收入。此外，根据欧盟产业资助政策，波兰政府对环保产业、劳工市场投资及研发项目进行公共资助。2014—2020年欧盟对波兰资金支持达825亿欧元，主要支持研发、基建和环境、教育扶持、东部地区开发、数字化、科技扶持等项目及16个地方项目。

（三）投资税收政策

波兰很少限制外国投资领域，在欧盟范围内尽量鼓励外资进入，而外资在波兰可享受国民待遇。国家层面对外国直接投资的鼓励政策主要包括三类：给予投资项目现金资助、房地产税减免、经济特区政策。在欧盟成员国中，波兰的整体税赋相对较轻，特别是在波兰经济特区内的企业，在享受政府的特别税收优惠如企业所得税优惠及房产税减免后，税赋比欧美其他国家都低，这极大地增强了波兰对外商投资的吸引力。

在企业所得税方面，当前波兰的税率为19%（合伙制企业除外），比全球平均水平低，也低于欧盟成员国的平均水平（23.6%）。在增值税方面，波兰规定的标准税率为23%，投资项目还可申请享受8%或5%的优惠税率，部分投资行业更是可以申请增值税免征。处于经济特区内的企业可申请免缴企业所得税，另外还可以申请免缴地方所得税。波兰境内有14个经济特区，它们提供税务减免、靠近供应商或客户的优越地理位置，以及投资场所配备完善的基础设施和公用设施等各种极具吸引力的条件。在经济特区内，投资额大于10万欧元的项目可申请免缴企业所得税。2018年，波兰出台《支持新投资法案》，取代原特殊经济区政策，税收减免突破地域限制，实现了全国化，获得投资支持的标准也相应调整变化。法案规定，现有 14 个经济特区内的企业，继续享受原有优惠政策，经济特区政策将于 2026 年到期废止。届时，波兰全境将被视为经济特区，符合一定条件的新投资可以享受所得税减免。除从事爆炸物生产、酒精或烟草制品生产、冶金、钢铁、煤炭、能源生产和分销、批发和零售贸易、运输、建筑工程、住宿餐饮服务、运营游戏中心等业务以外的工业企业，以及从事自然和技术科学领域的 IT 服务、研究和开发、审计和簿记服务、会计（不包括税务申报）、技术研究和分析服务、呼叫中心、建筑和工程服务等业务的商业服务企业（BSS）的新增投资可以申请税收减免。

此外，中波两国政府还签署了税收协定，并于 1989 年 1 月 7 日起执行。中波税收协定的无差别待遇条款规定了中波两国之间在国内税收征管方面的国民待遇原则。中波税收协定执行以来，在避免中国和波兰两国纳税人在经济贸易中被双重征税，协调两国间税收利益，促进两国资本、技术的交流与合作等方面发挥了积极作用。目前中波税收协定在中国适用的具体税种为个人所得税和企业所得税。而在波兰适用于所得税、工资薪金税、平衡税、不动产税和农业税。

四、基础设施环境

相较于欧盟其他成员国来说，波兰的基础设施建设相对滞后，但是近年来波兰对基础设施不断加大投入，交通运输网络等运行能力得到改善，基础设施正在快速更新换代，以满足其经济发展和吸引外商投资的需要，并加强了其西连德国及荷比卢，东接俄罗斯和乌克兰，作为欧洲北部东西欧走廊的地位。其稳固的经济和来自欧盟的资金（在 2007—2013 年获得超过 670 亿欧元的发展资金），让波兰能够在未来数年对全国的运输及能源基础设施进行大手笔的投资。

（一）交通基础设施

波兰是欧洲第五高速大国，多条国际公路贯穿波兰，可辐射整个欧洲大陆。根据波兰统计局数据，截至 2020 年，公路总长 31.4 万千米；有 2 511 万辆小轿车，399.9 万辆载重汽车；客运量 1.6 亿人次，货运量 23.3 亿吨。作为连接东西欧的枢纽，波兰的地缘优势显著，横贯欧洲的 A2 高速公路是波兰高速公路主干网的重要组成部分，波兰政府正加紧建设南北走向的 A1 高速公路，以打通连接波罗的海国家和中欧国家的交通走廊。尽管波兰在加入欧盟后使用欧盟结构基金对公路进行了现代化改造，使高速公路和快速公路的总长逐步增长，但波兰仍是欧盟国家中拥有高速公路和快速公路最少的国家之一。

截至 2020 年，波兰铁路总长 19 422 千米，其中标准轨铁路 19 422 千米（包括电气化铁路 12 149 千米）；客运量 2.09 亿人次，货运量 2.18 亿吨。根据欧盟高速铁路规划，波兰 2025 年前计划建设华沙 - 罗兹 - 波兹南 - 弗罗茨瓦夫高速铁路，总长度约为 712 千米，截至 2020 年底此项目仍在规划中。目前，波兰铁路公司（PKP）运营时速为 200 千米/小时的城际快铁，连接三联城 - 华沙 - 克拉科夫 - 卡托维兹 - 弗罗茨瓦夫等波兰主要城市。波兰运营的铁路线是三个国际货运走廊（RFC）的一部分：RFC5 波罗的海 - 亚得里亚海，RFC8 北海 - 波罗的海，RFC11 "琥珀"。PKP 货运公司是欧盟第二大货运公司，拥有位于波兰主要城市的 25 个转运站，其中 6 个位于东部边境附近，以及 2 个物流中心。PKP 货运马拉舍维奇目前拥有 4 个功能齐全的场站，可处理集装箱和散件货物；Medyka - Zurawica 是与乌克兰接壤的物流中心。波兰也位于中欧班列重要换轨节点，九成中欧班列通过或抵达波兰。

波兰现有 13 个国际机场，其中 12 个为地区级空港，重要空港位于华沙、克拉科夫、格但斯克、波兹南、弗洛茨瓦夫和卡托维茨。主要机场是华沙肖邦国际机场。截至 2020 年，波兰开设的定期航班航线的飞机有 84 架，同 43 个国家、87 个城市有定期航班，国际航线 198 条；客运量 363 万人次，货运量 8 万吨。

波兰主要港口包括格但斯克、格丁尼亚、什切青、希维诺乌伊希西切、波利采、科沃布热格等。格但斯克港是波罗的海大型的集装箱码头和石油中转码头，其 DCT 码头集装箱吞吐量居波罗的海第二位。自 2017 年 4 月 1 日起，中远海运集运开通远东至格但斯克港直航服务，以格但斯克港为母港，支线辐射波罗的海其他港口。希维诺乌伊西切港是液化天然气处理和仓储码头，其他地区级港口如科罗布塞格、达尔沃夫、埃尔布隆格主要发挥旅游和渔港的作用。截至 2020 年，波兰内河航运线总长 3 768 千米，内河货运量 399 万吨，内河客运量 68 万人次；海运货运量 814 万吨，海上客运量 115 万人次。共有船只 137 艘，其中货船 89 艘，载重 261 万载重吨；海运商港 6 个，货物吞吐量 8 852 万吨，主要海港有格但斯克、格丁尼亚、希维诺乌西切、什切青等。但是港口设备不完善，轮船进出港所需时间较长，运行效率低下，运输成本较高。

（二）电力能源

波兰的电力产业较为发达，发电的方式主要是火力发电，能源结构相对单一，近90%的电力来自燃煤电厂，对煤炭资源依赖较大，同时环境污染严重。根据波兰统计局数据，2019年，波兰国内电力生产163 988.5GWh，其中火力发电144 937.1GWh，水力和可再生能源发电19 051.4GWh，可再生能源在总发电量中的份额为15.5%。2019年，波兰总装机功率47 436.6MW，总可用功率46 291.0MW，其中热电36 381.1MW，水力发电和非常规发电9 909.8MW。

随着经济的快速发展，以及受能源转型影响，波兰对电力的需求越来越大，波兰输配电网急需更新换代和现代化改造。政府正计划扩建和改造电力线网，以保障充足的电力供应。2020年，波兰进口电力创纪录，专家认为电力进口将继续保持增势。根据波兰电网（PSE）的数据，2020年，波兰电量进口超14.7TWh，同比增加28%，主要来源为瑞典（3.9TWh）、德国（3.5TWh）和捷克（3.1TWh），同时波兰还向邻国出口电力1.6TWh。2020年波电力净进口略高于13TWh，占国内需求的8%。

（三）信息技术

波兰拥有欧盟最高的移动宽带使用率和极具竞争力的价格，4G网络覆盖率达99%。2020年，宽带上网企业占比达98%，90%家庭可以上网。波兰政府重视互联网和数字化建设，政府通过采取一系列措施打造数字技术集成和提高使用能力，但仍低于欧盟平均水平。互联网普及率约85%，但有15%的人口仍未接入互联网，近一半仍缺乏基本的数字技能。波兰的IT产业发展迅速，信息技术市场规模仅次于俄罗斯，是中东欧地区第二大IT市场。波兰是欧洲第一大家电生产国，也是中东欧电子设备的最大供应国之一。在IT基础设施、航空网络布局及大数据设置等方面，波兰有良好的基础，且发展十分迅速，已经达到可与欧洲发达国家一较高下的水平。波兰高等教育比较发达，有着良好的教育体制，培养了较多的信息技术人才。相关数据显示，2020年在波兰技术和服务领域任职的专家和管理人员的数量达到31.6万人，比2019年增加了近2%。

五、社会文化环境

(一)人口发展

根据 2021 年统计数据,波兰的人口为 3 820 万人,名列欧洲第 9 位、欧盟第 5 位,人口密度为每平方千米 122 人。2019 年,波兰的总和生育率仅为 1.42%,是世界上生育率最低的国家之一。此外,波兰深受人口老龄化问题的困扰,国民年龄中位数约为 42 岁。

在全国 3 820 万人口当中,约 60% 在城市或城镇定居,40% 在乡村定居。2020 年,50.2% 的波兰人居住在单户住宅,44.3% 居住在公寓。马佐夫舍省是波兰人口最多的省份,而华沙则是全国最大的城市,人口多达 180 万人,若计入都会区则多达 230 万人。卡托维兹城市群是波兰最大的都市连绵区,人口为 270 万—530 万人。波兰南部的人口密度较高,主要集中在弗罗茨瓦夫和克拉科夫之间。然而,波兰的人口结构正经历着显著的变化。一方面,老龄人口比例正在上升,这对社会保障和医疗保健系统构成了挑战。另一方面,年轻人口比例下降,这可能导致未来劳动力市场供应短缺。

(二)收入水平

波兰的平均工资在过去十年中逐渐上升,但仍然低于欧洲一些更富裕的国家。根据波兰统计局的数据,2019 年波兰的平均工资为 4 873 兹罗提(约合 1 200 欧元),工资水平因地区和行业而异,大城市通常支付更高的工资,而农村地区的工资较低。波兰的失业率相对较低,这有助于维持相对稳定的收入水平。然而,年轻人和长期失业者仍然可能面临就业挑战。尽管波兰的经济在过去几十年里有了显著的增长,但与西欧国家相比,波兰的收入水平仍相对较低。这种相对较低的工资水平可能会吸引外国投资者,因为劳动力成本较低,而且波兰拥有一定数量的受过良好教育的劳动力。然而,这也意味着波兰市场上的消费需求可能不如富裕国家那么强劲。

(三)宗教与文化

波兰是一个天主教为主导的国家,天主教在社会文化中扮演着重要角色。宗教价值观通常与家庭和社会生活紧密相连,这可能会影响企业和市场行为。波兰社会注重家庭、社区和传统价值观。家庭在波兰文化中扮演着关键角色，多代同堂生活是常见的。文化节庆、传统手工艺和文学作品都反映了波兰的文化丰富性。此外，波兰政府也鼓励保护和传承国家文化遗产。

（四）教育与医疗

波兰拥有全面的教育体系，包括义务教育、中等教育和高等教育。波兰的大学享有国际声誉，吸引了来自世界各地的国际学生。医疗保健系统由国家和私营部门共同提供。尽管波兰的医疗保健水平相对较高，但在某些地区和领域仍然存在改进的空间，包括提高医疗设施的现代化程度和缩小城乡医疗差距。

第七章

波兰投资环境的评价

第一节
投资环境评价的文献综述

国别投资环境评价对于国际商业和投资者的决策具有重要意义,而研究和评价投资环境需要相应的投资环境评价体系。通过评估政治、经济、法律、社会和文化等因素,投资者能够更好地了解目标国家或地区的投资环境,从而作出明智的投资决策。随着全球化和技术的不断发展,国别投资环境评价方法也在不断创新和演进,以适应不断变化的国际商业环境。

国外对投资环境评价体系的研究经历了两个阶段。第一阶段主要集中于20世纪60年代,此时对投资环境的研究刚刚起步,方法较为简单,多为定性分析,且主要集中在对发达国家投资环境的研究。第二阶段始于20世纪80年代,随着频繁对外投资的国家对东道国的投资环境进行评价,评价方法更加科学化,采用了更多的定量分析方法,研究也变得更为复杂。

在这两个阶段中,出现了多种投资环境评价方法。20世纪60年代,

Isiah A. Litvak & Peter M. Banting（1968）提出了"冷热因素分析法"，Robert B. Stobaugh（1968）则提出了"等级尺度评分法"。到了20世纪70年代，美国学者 Saaty（1970）提出了"层次分析法"，C. R. Frenk（1971）则提出了国家风险评价的数量法，三菱综合研究所（1974）则提出了综合评价法，联合国贸发会议提出了FDI潜力指数法。国际性机构也提出了评价投资环境的方法，世界银行基于微观企业绩效提出了基础设施、市场准入、技术与创新、劳动力要素、国际化程度、司法效率、融资便利性等方面的评价指标，采用数理统计方法对国家或地区进行评价。日内瓦国际经济研究机构 Europe Management Forum 从社会、政治、经济、文化等领域进行投资环境评价，选取了10项因素共计240项指标，其中包括180项硬数据和60项专家评分，对27个西方国家进行了投资环境评价。

近年来，全球经济的迅速发展使得各国对投资环境的研究变得更为深入。国外学者通常采用世界银行和世界经济论坛的评价框架，从基础设施、海关程序、电子商务、政府管理等多个指标对投资环境进行实证研究（Wilson，2003；Felipe，2012）。一些学者则更加注重变化对投资的影响程度，从市场准入、审批程序、信贷融资、投资保护和争端解决等角度对投资环境进行评价（John Ure，2005；Kejzar，2011）。

中国的研究学者对国别投资环境评价领域的贡献可追溯到20世纪80年代。随着中国逐渐开放和改革，越来越多的学者开始关注如何评价中国的投资环境，以吸引外国投资。其中，刘宁（2004）提出了一种综合评价中国国别投资环境的模型，包括政治、经济、社会和法律等因素。王元京和叶剑锋（2003）指出了投资环境评价的三个基本原则，对投资环境指标进行详细分类，从政治稳定性、法律法规、经济条件、市场潜力和社会文化等多个方面对中国的投资环境与国际标准进行对比。这一研究有助于理解中国投资环境的特点以及与国际标准的一致性和差异性。此外，不少学者对投资环境进行定性定量评价。其中，程连生（1995）运用熵原理对中国城市投资环境的特点和类型进行研究，提出了改善措施。巩雪（2016）则采用定量方法评估中东欧十六国的投资环境，并为企业提供了投资建议。

随着中国的经济快速发展，对投资环境的研究变得更为深入。学者们在继承国际评价框架的基础上，结合中国的特点，深入研究了我国投资环境的变化对外国直接投资的影响程度,为我国的投资环境优化提供了理论和实践支持。

国别投资环境评价体系的研究经历了不同的阶段,从 20 世纪 60 年代起步的定性分析,到 20 世纪 80 年代定量方法的应用,再到如今更加细致深入的研究。国外文献和我国学者的研究为投资者、政策制定者和企业提供了重要的理论和实践指导。综合而言,国别投资环境评价体系是一个复杂而多维的概念,国内外投资环境评价的指标体系多样,包括基础设施、市场准入、政府管理、社会文化、法律法规、政治稳定性等多个因素,但投资环境的基本框架概况为六个主要板块,即行政环境、经济环境、基础设施环境、法制环境、社会环境以及自然环境。通过比较不同国家和地区的投资环境评价模式,可以发现在任何投资决策中,最为重要且备受人们考虑的因素集中在经济环境、基础设施环境以及行政环境这三大板块。这三者构成了投资决策的核心和基础,也是所谓投资环境中硬环境与软环境表的核心要素。

第二节
波兰投资环境的实证测量

本书采用历年世界银行数据库(WB)以及波兰统计年鉴中 2013—2021 年的数据,在数据的选取上,力争实现评价指标的客观性,以及数据的可得性与一致性。

根据环境评价指标体系构建原则,结合波兰实际情况以及指标的可获取性及可量化性,本节将波兰外商投资环境评价指标体系设立了三级标准,具体包括 4 个一级指标:经济环境、基础设施环境、政策法制环境和社会文化环境。4 个一级指标下又设立了宏观经济运行、金融市场、产业发展状况、交通设施、通信设施、居民生活水平、医疗保障水平在内的 13 个二级指标以及与之密切相连的 31 个三级指标,这些指标既有总量指标,也有均量指标和比率指标,能够较全面地反映波兰国投资环境状况,详见表 7–1。

表 7-1　　　　　　　　　　　投资环境评价指标体系

一级指标	二级指标	三级指标
经济环境	宏观经济运行	人均 GDP
		总失业人数
	金融市场	国内上市公司总数
	产业发展状况	农业增加值（占 GDP 的百分比）
		制造业增加值（占 GDP 的百分比）
		工业增加值（占 GDP 的百分比）
		服务业增加值（占 GDP 的百分比）
基础设施环境	交通设施	铁路（总公里数）
		铁路货运量（百万吨-公里）
		航空运输客运量
		航空运输货运量（百万吨-公里）
		公路货运总量
		班轮运输相关指数（2004 年的最大值 = 100）
	通信设施	安全的互联网服务器
	生活设施	安全用水人口比重
政策法制环境	政策环境	总税率（占商业利润的百分比）
		税收（占国民生产总值（GDP）比例）
		所得税、利润税和资本收益税（占总税收比例）
		开办企业流程的成本（占人均 GNI 的百分比）
	财政状况	一般政府最终消费支出（年增长率）
		一般政府结余（占国内生产总值百分比）
	法制环境	国际谋杀犯罪率（每 10 万人）
社会文化环境	劳动力水平	劳动力参与率（占 15 岁以上总人口的百分比）
		老年抚养比（占工作年龄人口的百分比）
	居民生活水平	多维贫困发生率（占总人口的百分比）
		居民最终消费支出（美元）
		就业人口的人均 GDP（2011 年不变价购买力平价美元）
	医疗保障水平	当前医疗支出（占 GDP 的百分比）
		基本卫生服务比重
	教育水平	高等院校入学率（占总人数的百分比）
		居民专利申请量

一、基于因子分析法的计算结果

本书采用 SPSS 25 软件对波兰投资环境进行因子分析。先分别对四大环境进行因子分析,指标浓缩成功后,以各个因子的方差贡献率占累计方差贡献率的比重为权重计算波兰每个环境每年的总得分。最后整理四大环境各个环境每年的总得分,构成一个新的矩阵变量,然后重新进行因子分析,最终得到波兰近10年间的投资环境综合得分。

(一) 经济环境的因子分析

对于经济环境中7个指标的标准化数据,本书利用 SPSS 25 对数据进行了 KMO 和巴特利特球形检验。结果显示,KMO 值为 0.622,大于 0.5,说明各变量间信息的重叠程度较好,能得出较为满意的因子分析模型。Bartlett 的球形度检验显著性水平小于 0.001,表明各变量间具有相对独立的假设且各变量间具有较强的相关性,可进行因子分析。

对经济环境包含的7个指标进行因子分析,首先抽取公因子,随后分别计算特征值、方差贡献率和累计方差贡献率,结果见表 7-2。经过主成分分析后,浓缩出了两个因子,这两个因子解释方差累积贡献率为 91.58%,原始指标有 8.42% 的信息丢失,浓缩效果较理想,可继续下一步分析。

表 7-2   经济环境总方差解释表

成分	初始特征值			提取载荷平方和		
	总计	方差(%)	累积(%)	总计	方差(%)	累积(%)
1	4.37	62.54	62.54	4.38	62.54	62.54
2	2.03	29.04	91.58	2.03	29.04	91.58
3	0.29	4.27	95.85			
4	0.15	2.14	97.99			
5	0.09	1.36	99.35			
6	0.04	0.53	99.89			
7	0.008	0.11	100.00			

数据来源:世界银行数据库 (WB) 以及波兰统计年鉴。

根据经济环境因子得分系数矩阵,构建经济环境因子的得分函数如下：

$F_1 = -0.458 * X_1 + 0.35 * X_2 + 0.422 * X_3 + 0.205 * X_4 + 0.258 * X_5 + 0.425 * X_6 - 0.477 * X_7$；

$F_2 = -0.004 * X_1 + 0.422 * X_2 + 0.18 * X_3 + 0.598 * X_4 - 0.567 * X_5 - 0.265 * X_6 + 0.198 * X_7$。

根据两个公共因子的方差贡献率得出综合得分函数：

$$F = 0.625 * F_1 + 0.29 * F_2$$

利用上式计算可得，2012—2021年波兰经济环境因子得分与排序见表7-3。

表7-3　　　　　　　　经济环境因子得分及排名

年份	F_1	F_2	F	排名
2012	-1.55	-0.61	-1.14	10
2013	0.08	-2.26	-0.61	9
2014	-0.39	-0.03	-0.25	7
2015	-1.33	1.35	-0.44	8
2016	-0.98	1.51	-0.17	6
2017	0.69	-0.53	0.28	4
2018	0.46	0.22	0.35	3
2019	0.58	0.17	0.41	2
2020	0.71	-0.72	0.24	5
2021	0.97	0.57	0.77	1

（二）基础设施环境的因子分析

对基础设施环境中7个指标的标准化数据进行相关性分析，KMO检验的度量值达为0.675，Bartlett的球形检验的显著性水平小于0.001，可进行因子分析。

对基础设施环境包含的7个指标进行因子分析，首先抽取公因子，随后分别计算特征值、方差贡献率和累计方差贡献率，结果见表7-4。经过主成分分析后，浓缩出了两个因子，这两个因子解释方差累积贡献率为94.07%，原始指标只有5.93%的信息丢失，浓缩效果较理想，可继续下一步分析。

表7-4　　　　　　　基础设施环境总方差解释表

成分	初始特征值			提取载荷平方和		
	总计	方差（%）	累积（%）	总计	方差（%）	累积（%）
1	5.51	78.72	78.72	5.51	78.72	78.72
2	1.08	15.35	94.07	1.07	15.35	94.07
3	0.22	3.15	97.22			
4	0.13	1.78	98.99			
5	0.07	0.97	99.97			
6	0.001	0.02	99.98			
7	0.001	0.01	100.00			

数据来源：世界银行数据库（WB）以及波兰统计年鉴。

根据基础设施环境因子得分系数矩阵，构建基础设施环境因子的得分函数如下：

$F_1 = 0.36 * X_1 + 0.31 * X_2 + 0.403 * X_3 + 0.415 * X_4 + 0.4 * X_5 + 0.353 * X_6 + 0.394 * X_7$；

$F_2 = 0.357 * X_1 + 0.637 * X_2 + 0.279 * X_3 - 0.157 * X_4 - 0.195 * X_5 - 0.467 * X_6 - 0.331 * X_7$

综合得分

$$F = 0.787 * F_1 + 0.156 * F_2$$

利用上式计算可得，2012—2021年波兰经济环境因子得分与排序见表7-5。

表7-5　　　　　　基础设施环境因子得分及排名

年份	F_1	F_2	F	排名
2012	-3.21	0.57	-2.43	10
2013	-2.26	0.45	-1.71	9
2014	-1.88	0.24	-1.45	8
2015	-1.71	-0.03	-1.35	7
2016	-0.88	0.06	-0.68	6
2017	0.95	0.70	0.86	4
2018	2.83	1.18	2.41	2
2019	3.31	0.54	2.69	1

续表

年份	F_1	F_2	F	排名
2020	0.75	-2.36	0.22	5
2021	2.10	-1.36	1.44	3

（三）政策法制环境的因子分析

对政策法制环境中7个指标的标准化数据进行相关性分析，KMO检验的度量值达为0.684，Bartlett的球形度检验的显著性水平小于0.001，可进行因子分析。

对政策法制环境包含的7个指标进行因子分析，首先抽取公因子，随后分别计算特征值、方差贡献率和累计方差贡献率，结果见表7-6。经过主成分分析后，浓缩出了两个因子，这两个因子解释方差累积贡献率为88.21%，原始指标有11.79%的信息丢失，浓缩效果较理想，可继续下一步分析。

表7-6　　　　　政策法制环境总方差解释表

成分	初始特征值			提取载荷平方和		
	总计	方差（%）	累积（%）	总计	方差（%）	累积（%）
1	4.97	70.94	70.94	4.97	70.94	70.94
2	1.21	17.27	88.21	1.21	17.27	88.21
3	0.55	7.85	96.06			
4	0.19	2.82	98.88			
5	0.04	0.58	99.46			
6	0.03	0.35	99.81			
7	0.01	0.19	100.00			

数据来源：世界银行数据库（WB）以及波兰统计年鉴。

根据政策法制环境因子得分系数矩阵，构建政策法制环境因子的得分函数如下：

$F_1 = 0.418 * X_1 + 0.399 * X_2 + 0.302 * X_3 - 0.435 * X_4 + 0.367 * X_5 + 0.387 * X_6 - 0.316 * X_7$;

$F_2 = 0.276 * X_1 + 0.229 * X_2 + 0.623 * X_3 + 0.077 * X_4 - 0.184 * X_5 + 0.256 * X_6 + 0.615 * X_7$

综合得分：

$$F = 0.709 * F_1 + 0.173 * F_2$$

利用上式计算可得，2012—2021 年波兰政策法制环境因子得分与排序见表 7-7。

表 7-7　　　　　政策法制环境因子得分及排名

年份	F_1	F_2	F	排名
2012	-3.28	2.51	-1.89	10
2013	-2.41	-0.43	-1.78	9
2014	-1.96	-0.96	-1.56	8
2015	-1.09	-0.65	-0.88	7
2016	-0.48	-1.29	-0.56	6
2017	0.12	-0.77	-0.04	5
2018	1.09	0.15	0.81	4
2019	2.40	0.26	1.75	3
2020	2.53	0.51	1.88	2
2021	3.07	0.66	2.29	1

（四）社会文化环境的因子分析

对社会文化环境中 9 个指标的标准化数据进行相关性分析，KMO 检验的度量值达为 0.709，Bartlett 的球形度检验的显著性水平小于 0.001，可进行因子分析。

对社会文化环境包含的 9 个指标进行因子分析，首先抽取公因子，随后分别计算特征值、方差贡献率和累计方差贡献率，结果见表 7-8。经过主成分分析后，浓缩出了两个因子，这两个因子解释方差累积贡献率为 72.48%，原始指标有 17.52% 的信息丢失，浓缩效果较理想，可继续下一步分析。

表 7-8　　　　　社会文化环境总方差解释表

成分	初始特征值			提取载荷平方和		
	总计	方差（%）	累积（%）	总计	方差（%）	累积（%）
1	6.52	72.49	72.48	6.52	72.48	72.48

续表

成分	初始特征值			提取载荷平方和		
	总计	方差（%）	累积（%）	总计	方差（%）	累积（%）
2	1.25	13.86	86.35	1.25	13.86	86.34
3	0.79	8.88	95.23			
4	0.22	3.07	98.30			
5	0.11	1.23	99.53			
6	0.02	0.26	99.79			
7	0.02	0.18	99.97			
8	0.002	0.03	99.99			
9	0.000	0.004	100.00			

注：根据笔者计算所得。
数据来源：世界银行数据库（WB）以及波兰统计年鉴。

根据社会文化环境因子得分系数矩阵，构建社会文化环境因子的得分函数如下：

$$F_1 = 0.333 * X_1 + 0.382 * X_2 - 0.381 * X_3 - 0.379 * X_4 + 0.377 * X_5 + 0.283 * X_6 + 0.369 * X_7 - 0.081 * X_8 - 0.3 * X_9;$$

$$F_2 = 0.16 * X_1 + 0.019 * X_2 + 0.072 * X_3 + 0.02 * X_4 + 0.095 * X_5 - 0.179 * X_6 - 0.216 * X_7 + 0.845 * X_8 - 0.408 * X_9$$

综合得分：

$$F = 0.725 * F_1 + 0.139 * F_2$$

利用上式计算可得，2012—2021年波兰社会文化环境因子得分与排序见表7-9。

表7-9　　　　　社会文化环境因子得分及排名

年份	F_1	F_2	F	排名
2012	-3.06	1.72	-1.98	10
2013	-1.82	0.72	-1.22	9
2014	-0.95	-0.08	-0.69	7
2015	-1.22	-1.59	-1.12	8
2016	0.04	-1.39	-0.17	6
2017	1.00	-0.74	0.62	4

续表

年份	F_1	F_2	F	排名
2018	0.31	-0.35	0.17	5
2019	1.13	-0.02	0.81	3
2020	1.31	0.15	0.97	2
2021	3.26	1.59	2.58	1

（五）综合投资环境因子分析

在整理经济、基础设施、政策法制和社会文化环境各年总得分的基础上，构造一个新的指标变量，然后进行因子分析，最后得到波兰综合投资环境2012—2021年每年综合得分。

对波兰综合投资环境中4个指标的标准化数据进行相关性分析，KMO检验的度量值达为0.637，Bartlett的球形度检验的显著性水平小于0.001，可进行因子分析。对这四个指标进行因子分析，结果见表7-10。经过主成分分析后，浓缩出了一个因子，这个因子解释方差累积贡献率为90.86%，原始指标有9.17%的信息丢失，浓缩效果较理想，可继续下一步分析。

表7-10　　　　　　　综合环境总方差解释表

成分	初始特征值			提取载荷平方和		
	总计	方差（%）	累积（%）	总计	方差（%）	累积（%）
1	3.63	90.86	90.86	3.63	90.86	90.86
2	0.24	5.91	96.77			
3	0.11	2.84	99.61			
4	0.02	0.38	100.00			

根据因子得分系数矩阵，构建综合环境因子的得分函数如下：

$$F = 0.514 * X_1 + 0.482 * X_2 + 0.503 * X_3 + 0.501 * X_4$$

利用上式计算可得，2012—2021年波兰环境因子得分与排序见表7-11。

表7-11　　　　　综合环境因子得分及排名

年份	F	排名
2012	-3.71	10

续表

年份	F	排名
2013	-2.64	9
2014	-1.96	8
2015	-1.88	7
2016	-0.78	6
2017	0.85	5
2018	1.84	3
2019	2.79	2
2020	1.66	4
2021	3.54	1

二、波兰投资环境的整体评价

就波兰的经济发展来看，一直保持强劲的增长，不断增长的人均GDP，较低的失业率以及上市公司数量的逐年增加重要地影响着波兰的经济环境，产业结构趋于多元化，其中服务业的影响力不断增强。2013年以来波兰加大对基础设施建设的投入，基础设施相对完善，基础设施环境中各个因子的作用相对一致，但是近两年来基础设施因子分析得分呈现下降趋势，通信设施对于基础设施环境影响力凸显。波兰的政策法制环境评分逐年增加，体现了政府的政策、规章制度和监管作用的相对完整性及连续性，政府财政状况不断改善，开办企业的成本也逐年下降。社会文化环境和政策法制环境一样，评分保持增加趋势，表明波兰社会文化环境总体上有逐年改善趋势，居民消费水平不断提升、医疗保障系统不断普及等因素改善着波兰的社会文化环境。

在2012—2021年，波兰综合投资环境因子分析得分总体上呈现上升的趋势，表明投资环境有总体上有逐年改善趋势，与经济环境和社会文化环境基本类似。综合投资环境因子分析得分贡献来看，经济、政策法制、基础设施和社会文化环境在波兰投资环境综合得分函数中的系数绝对值基本一致，相差较小，这表明每个子环境对波兰投资环境的影响同样重要。

第八章

浙江省与波兰投资合作案例

第一节

宁波拓普集团股份有限公司

宁波拓普集团股份有限公司是宁波一家从事汽车零部件配套业务的企业，主要是做底盘、内饰和电子类的业务，与国内外的主机厂都有合作，在海外，公司在美国、加拿大、德国、法国、瑞典、巴西、马来西亚等国家分别设立了仓储中心或制造工厂。2020年12月1日，宁波拓普集团股份有限公司（SZ 601689）发布公告，在波兰投资建厂，公告透露，新设全资子公司名称为"拓普波兰有限公司"，注册地址在波兰首都华沙，初始注册资本200万兹罗提（1波兰兹罗提约合1.7548元人民币）。宁波拓普集团股份有限公司在波兰的投资计划旨在进一步巩固其国际化战略，并通过在波兹南建立生产工厂，为生产电动汽车零部件提供全面支持。

一、投资规模和领域

总投资支出达到 3 000 万欧元。投资建造拓普在欧洲的第一家工厂，工厂面积超过 3 万平方米，将在 Kostrzyn – Slubice 经济特区建造，打造高度自动化的焊接线。该工厂将主要专注于电动汽车零部件的制造，特别是电动汽车的副车架。

二、投资动机

拓普集团与全球汽车领导者（奥迪、宝马、菲亚特 – 克莱斯勒、通用、吉利、福特、奔驰、保时捷和大众）有良好的合作基础，波兹南地处中欧，位于华沙和柏林之间，并靠近子供应商，该地理位置使得拓普能够更有效地服务周边市场，尤其是德国等欧洲主要汽车制造国。

此外，电动汽车市场的兴起激发了对相应零部件的需求，拓普公司与全球领先汽车制造商合作作为其在电动汽车零部件市场的竞争力提供了强大的支持，波兹南的工厂将成为满足这一市场需求的重要生产基地，由于电动汽车市场的不断增长，波兹南工厂有望成为拓普在欧洲扩大市场份额的战略举措。

三、对波兰就业和经济影响

该工厂预计将创造 450 个工作岗位，涵盖合格的专家和工程师，为波兹南地区提供稳定就业机会。与此同时，这项投资将有助于波兰经济的增长，尤其是提高了波兹南地区的工业水平。

四、政策支持

在波兰设厂，在办理签证和生产许可证书、建立本地供应商基础等方面都需要波兰当局的支持。拓普方表示在投资过程中得到波兰投资贸易署的全方位支持，彰显了政府对该投资计划的积极态度。波兹南市政府与拓普的合作将促进电动汽车零部件的市场推广，有望在波兰打造一个具有吸引力的电动汽车生产中心。

第二节
宁波格兰家具用品有限公司

宁波格兰家居用品有限公司是一家高新技术企业，公司专注于面纺新材料及成品的研发、设计、生产和销售。主营各类功能性窗帘产品，如卷帘、垂帘、百折帘、柔纱帘等，100%自营出口，市场遍布欧洲、中东和南美。格兰家居在国际市场有着稳固的地位，在德国、葡萄牙、英国等多个国家设立营销办事处，已获得 GMC 环球制造商认证，是中国优质制造商。2018年，公司在波兰的弗罗茨瓦夫市建立了定制化海外生产基地，投资额达 400 万美元，为未来在波兰建立定制化窗帘工厂、在俄罗斯和美国设立营销办事处的计划奠定了基础。格兰家居还是首家加入英国卷帘协会 BBSA 的中国会员，彰显了公司在国际市场的认可。宁波格兰家居用品有限公司在波兰的投资计划体现了其全球化战略和对市场需求的深刻洞察。

一、投资规模和领域

公司于 2018 年在波兰的弗罗茨瓦夫市建立了定制化海外生产基地，总占地面积 45 000 平方米，新增备案中中方投资额为 400 万美元，实际中方投资额达到 223 万美元。该生产基地主要专注于定制化窗帘生产，是公司扩大产品线并满足更多客户需求的战略之一。

二、存在问题和挑战

在波兰建立新工厂需要适应当地的人才市场和文化，可能遇到招聘、培训和管理的挑战。虽然格兰家居在欧洲市场占有一定份额，但面临激烈的市场竞争，需要通过产品质量、设计创新等方面进行突破以确保竞争优势。

三、政策支持

格兰家具已获得波兰政府的认可,新增备案的中方投资金额得到批准,显示了公司在当地的合规运营。

第三节
宁波豪雅集团

宁波豪雅集团是一家经营电子商务和仓储物流的公司,采用 B2B2C 模式,在第三方电商平台和自营的独立站进行零售,经营的产品涵盖家具、家电、运动器材等品类。

一、投资规模和领域

豪雅集团在波兰的累计投资已超过 2 500 万欧元,计划在 2022 年继续追加 5 000 万欧元。公司主要经营电子商务和仓储物流,未来将拓展自主快递和自主运输业务。

二、投资动机

波兰位于欧洲中心,拥有发达的交通网络,有利于公司未来拓展周边国家和地区的业务。波兰的运输行业在欧洲属于翘楚,港口城市格但斯克的深水码头满足该公司大量的集装箱进口需求,依靠其畅通的交通,货物当日可以到达全国范围内的任何地区,有利于实现集团下一步开发自主配送业务的愿景。波兰经济增长提高了当地消费者购买力,电商行业迅速发展,吸引了行业巨头如亚马逊的投资。此外跨国公司在波兰的投资得到了政策支持,包括税收减免和其他优惠政策。

三、存在问题

豪雅计划投入自主快递和自主运输的业务,可能面临新业务开展时的运营和管理挑战。电商行业竞争激烈,需要应对市场竞争和不断变化的消费者需求。

四、政策支持和税收减免

豪雅集团在波兰的投资已经得到了某些政策支持，其中包括土地税和企业所得税的减免。所得税减免方面，公司在2 500万欧元投资当中，在十年内可以拿到1 400万欧元左右的企业所得税减免。

第四篇

浙江省与波兰的产业合作

第九章

产业合作

第一节
产业合作的概念及理论基础

在中国与中东欧国家整体合作外交的机制下,"一带一路"倡议和"16+1合作"以双方人文交流为支撑,以经济合作为基础,加快构建国内国际双循环的新发展格局,坚持扩大内需的战略基点,更好地吸引全球资源要素,形成参与国际经济合作与竞争新优势。目前,随着全球经济一体化的发展,国际市场竞争激烈,各国都在寻找新的经济增长点,其中,中东欧国家强烈希望与全球主要经济体合作,我国作为世界第二大经济体,成为中东欧国家主要的合作选择。

地方层面的经济合作是中国与中东欧国家合作中最重要的基础和最有潜力的发展方向,将推动国家间的文化交流、经济合作和政治互信,增加双方多层级合作的黏合度。近年来,浙江省作为中国与中东欧国家合作发展的"排头兵",把加强与中东欧各国合作作为参与"一带一路"建设的重要突破口,并于2018年启动中国—中东欧国家经贸合作示范区的建设。

在 2021 年中国—中东欧国家领导人视频峰会上,中方宣布"今后 5 年自中东欧国家进口累计 1 700 亿美元",其中,浙江省承担了大部分任务。2023 年在浙江省举行的第三届中国—中东欧国家博览会暨国际消费品博览会上,中国商务部副部长更是提出"力争将其打造成展示中东欧特色产品、扩大自中东欧进口的主力平台,推动中国—中东欧国家经贸合作高质量发展"。

在中东欧次区域内,波兰不仅是经济体量、人口和市场规模最大的国家,也是国际社会普遍公认的新兴市场国家。此外,波兰作为"一带一路"沿线中东欧地区重要支点国家,中波两国在经济发展上有相似的背景并都深具发展潜力,加深两国经贸合作不仅有益于双边国民经济发展,更有助于中国借助波兰所在的欧洲地区价值链进入欧盟市场。浙江省与波兰可以以产业合作为基础,发挥自身优势,对生产要素重新配置,实现产业升级,因此浙江省与波兰的产业合作具有非常大的潜力,能够促进双方共同发展,扩大互利共赢。目前,国家间的产业合作主要是通过贸易完成,鉴于此,从对外贸易角度出发,研究浙江省与波兰的产业竞争性和互补性具有重要的现实意义,有利于通过区域经济合作调整产业结构,提高资源的有效配置,增强市场活力并为推动浙江省与波兰进一步深化产业合作提供参考价值。

一、概念界定与内涵

(一)产业合作

"合作"的思想最早起源于马克思及马歇尔的研究。马克思较为详尽地阐述了合作的经济思想,认为资本主义条件下的合作经济组织形式将由合作工厂或股份公司逐步转变为合作社。马克思从制度条件、组织形式和实现过程等方面高度概括了合作的经济思想。马歇尔在亚当·斯密绝对优势理论的基础上将分工合作拓展到企业与企业之间,强调分工合作的重要性,认为"分工合作不仅降低了交易费用,而且创造了新的生产力"。他从劳动力市场共享、中间产品投入和技术外溢三个方面对产业地区性集聚作出了解释,但是马歇尔并没有考虑一些动态因素的变化,也没有分析制度方面对产业合作的影响。马克思和马歇尔虽然提出了产业合作的思想,但并没有使产业合作受到广泛关注,也没有提出产业合作详细的基本理论框架。

随着经济全球化和科技革命的不断深化,不同地区间、产业间合作的重要性逐渐凸显,并表现出产业集聚和产业集群的新特点。世界各国越来越重视分工合作,许多企业开始尝试通过对资源要素、生产环节等的合理调度、组合和协调,产生一种超越单个个体的强大合力,以实现共赢多赢的目标。产业合作是一个广泛的概念,它涵盖了各种形式的合作,包括企业之间的合作、政府与企业之间的合作、跨国企业之间的合作等。在全球化和经济一体化的背景下,产业合作已经成为推动经济发展的重要手段之一。

作为经济学的基础概念,产业的内涵以及外延具有一定的复杂性,因此了解产业的内涵是分析问题的关键。产业的内涵分为两种:一是国民经济的部分,如把国民经济分为专门获取自然产品的第一产业,专门从事产品制造加工的第二产业,专门提供服务的第三产业;二是部门内部行业,如主导产业、支柱产业、传统产业、新兴产业等。产业即各种行业及由相似行业组成的国民经济部门。

按照一个国家社会生产力的发展和社会分工的日益深化,一个国家或地区的国民经济可以分为三大产业:以初级产业为主的第一产业;将初级产品二次加工的第二产业;生产与消费同时进行的第三产业。本书根据《联合国国际贸易标准分类》两位编码将进出口产品分成七大类,基于进出口贸易角度,实证分析浙江省与波兰的七大类产品的竞争性和互补性,以透视浙江省与波兰的产业竞争性和互补性。

产业合作是一个广泛的概念,它涵盖了各种形式的合作,包括企业之间的合作、政府与企业之间的合作、跨国企业之间的合作等。本书将从不同角度对产业合作的概念进行界定。

首先,从经济角度来看,产业合作是指企业之间在资源共享、技术合作、市场拓展等方面进行合作,以实现共同发展的一种经济活动。这种合作通常是由企业主动发起的,目的是提高企业的竞争力和市场份额。企业之间的产业合作可以通过联盟、合资、并购等方式实现,也可以通过技术转让、人才培养等方式来实现。在这种合作中,企业之间可以共享资源,共同研发新产品,共同开拓市场,并在生产和销售中互相支持。

其次,从政府角度来看,产业合作是指政府与企业之间的合作,以促进产业升级和经济发展。政府可以通过政策引导、资金支持、技术培训等方式来促进企业之间的产业合作。政府还可以通过建立产业集群和园区等方式来促进企业之间的合作。政府与企业之间的产业合作可以促进资源的优化配置，提高产业的竞争力和创新能力，推动经济的发展。

最后，从跨国企业角度来看，产业合作是指跨国企业之间的合作，以实现全球化战略和跨国经营的一种合作形式。跨国企业之间的产业合作与普通企业间合作相似，可以通过合资、并购、联盟等方式实现，也可以通过技术转让、人才培养等方式来实现。跨国企业之间的产业合作可以促进资源的共享和优化配置，提高企业的创新能力和市场竞争力，推动全球化战略的实施。

无论是企业之间的合作，还是政府与企业之间的合作，或者是跨国企业之间的合作，都是实现共同发展和经济繁荣的一种合作方式。在全球化和经济一体化的背景下，产业合作已经成为推动经济发展的重要手段之一。

而国际产业合作即是指由于各国分工不同，在跨国公司、海外投资和贸易等方式的推动下，逐步在不同空间上进行产业转移，使得分工更加明细化，最终可以让技术、资本、劳动资源等生产要素自由流动，从而刺激不同国家之间的经济建设，推动产业空间转移、优化产业结构。从广义上说，所有能够联系国家间产业的经济活动都可以认为是产业合作，如贸易、投资、金融、科技交流等；从狭义上说，一般将跨国公司投资、转移产业视为产业合作。而不论狭义还是广义，其最终都是通过投资或者贸易的方式实现产业间关联。

（二）国际产业合作的主要机制

常见的国际产业合作机制有信息和技术、金融、资本流动和贸易，具体如下：

第一，国际贸易。贸易不仅是广义上的产业合作内容，也是区域产业联系的重要机制。国际贸易是国家对外联系的基本纽带，是世界经济体系有机组成部分之一。国际贸易与国家产业结构密切联系的根本原因在于国家间生产要素和产业结构的差异性和互补性。随着经济的不断发展，各国之间加快了贸易往来，这样不但让国际间的分工更加细化，同时也推动了不同区域之间产业结构相互发展。不同国家和地区在国际贸易的帮助下形成了一个三维结构，在这个结构的作用下，产业的发展和进步就变得更加紧密相连。

第二，国际资本流动。国际投资也是当今资本流动的主体。通过直接投资，外国投资者能够带来资本、技术、信息、管理技能等资源。国际直接投资包括两个方向：第一方面是本国资本流出，即对外投资；第二方面则是外国资本的流入，即外商直接投资。国内产业转移可以采用对外投资的方式，同时通过吸引外资的方式也可以吸收外国的产业转移到本国。两者都会对本国产业结构产生影响，其中外国直接投资对一国产业结构影响更直接更深远。

第三，国际金融。加强不同国家和地区之间的经济往来，推动并不断发展国际金融市场最重要的因素就是加快货币在不同国家和地区之间的流通。通过资本价格信号，劳动力、资本在金融体系的指导下实现再分配，最终这种再分配的结果就是当地产业结构进行不断调整。一国内部的经济调整和变化都可以通过国际金融迅速在世界范围内展开，所以说产业结构的调整和变化也受到国际金融的影响和制约。金融体系不仅能影响经济活动的总量和规模，并且经济效率以及产业结构都受到其影响。

第四，国际信息和技术交流。从全球经济角度来说，这是影响不同国家和地区之间产业发展的重要因素之一。当今，跨国公司作为信息和技术传递的主体，其在促进国际产业合作上起到了极大的推动作用，也是产业合作的重要实施者。一般来说，具有较好发展前景和较大市场潜力的产业部门是跨国公司首选的投资对象，而跨国公司的发展状况又不断影响着东道国产业的发展。

从目前浙江省与波兰合作水平来说，目前中国与中东欧国家合作的内容主要为经贸合作、互联互通建设以及人文交流领域合作，贸易、投资是其主要互动机制。

（三）产业互补性

产业互补性是指不同产业之间相互依存、相互促进的关系。这种关系体现在不同产业之间的产品或服务互相补充，形成产业链条，促进经济发展。产业互补性的研究主要集中在两个方面：一是产业之间的相互依存程度和关系，二是如何利用产业互补性促进经济发展。以往对产业互补性的研究主要从以下几个方面展开：

首先，产业互补性的度量。产业互补性的度量是产业互补性研究的基础，主要通过计算不同产业之间的相关系数来衡量。例如，Grossman 和

Helpman（1991）提出了一个度量产业互补性的方法，即通过计算不同产业之间的产品输入输出系数来衡量产业之间的相互依存程度。目前，也有学者通过运用贸易互补性指数（TCI）、产业内贸易指数（IIT）对产业互补性进行实证验证。同时，也有研究指出，产业结构的差异性是产业互补性存在的基础，而双方贸易结构差别则是产业互补性存在的具体表现。研究产业互补性可以从产业结构和贸易结构两方面展开，基于产业结构的产业互补性分析从三次产业结构的角度分析浙江省与波兰产业结构的差异性，存在差异就认为存在互补，基于数据的可获得性，无法进行分行业的产业结构分析，两地区形成互补的行业的强弱也无法确定。三次产业结构相似度只是从整体上判别浙江省与波兰的产业互补性，因此需要基于贸易结构进行分行业、分商品的细致分析。而基于贸易结构的产业互补性是通过双方贸易关系表达出来的。这种通过贸易表达的产业互补关系可以更好地反映我国浙江省与中东欧国家各产业的互补情况，从而找出哪些产业是存在互补性的。

其次，产业互补性对经济发展的影响。产业互补性可以促进经济发展，这一点得到了广泛的认同。例如，Krugman（1991）提出了新贸易理论，认为通过利用产业互补性可以促进国际贸易和经济发展。同时，也有研究指出，产业互补性也可能会对经济发展产生负面影响。例如，产业互补性过于依赖某个特定产业，可能会使整个经济体系变得脆弱。

再次，如何利用产业互补性促进经济发展。研究中提出了多种利用产业互补性促进经济发展的方法。例如，可以通过发展产业链条，提高产业之间的协同效应，促进经济发展。同时，也可以通过政策引导，鼓励产业之间的合作和协同发展。

最后，如何有效地利用竞争促进经济发展。文献中提出了多种利用竞争促进经济发展的方法。例如，可以通过政策引导企业进行正当竞争，避免恶性竞争的发生。同时，也可以通过加强企业的创新能力，提高企业的竞争力，从而促进经济发展。

产业互补为产业合作提供基础。不同产业之间的互补性使得各方能够通过合作实现资源的互补和优势的互补，从而提高整体效益。

（四）产业竞争性

竞争性是指不同企业或产业之间的竞争关系。学者们对竞争性的研究主要集中在竞争的产生原因、竞争的影响以及如何有效地利用竞争促进经济发展等方面。文献中对竞争性的研究主要从以下三个方面展开：

首先，竞争的产生原因。竞争的产生原因主要有两个：一是市场机制的作用；二是政府政策的作用。市场机制的作用主要表现在市场的供求关系和价格机制中，而政府政策的作用主要表现在政策引导和市场调节中。

其次，竞争的影响。竞争对企业和产业的影响是复杂的，既有促进经济发展的作用，也有可能会对经济发展产生负面影响。例如，竞争可以促进企业的创新和提高产品质量，但过度竞争也可能会导致企业之间的价格战和恶性竞争，对整个产业产生负面影响。

最后，关于产业竞争性的度量。大部分学者采用出口相似度指数分析、贸易竞争指数、显示性相对比较优势指数（VRCA）、Michaely波动指数（MI）、国际市场占有率指数（MS）等进行综合分析。

产业竞争产生的前提是存在竞争，没有竞争，就不存在竞争力。产业竞争是国家之间经济竞争的主要载体，不管是发达国家还是发展中国家都将培育优势产业、开拓国际市场作为经济发展的重心。产业的竞争性既包括现实竞争性，也包括潜在竞争性。现实竞争性是一个国家产业固有的竞争优势，对国家的经贸格局产生的实际影响；潜在竞争性是一种能力，代表一个国家产业未来可能形成的竞争优势和对国家未来经贸格局产生的潜在影响。只有将现实与潜在竞争性相结合，才能利于国家产业结构的升级与发展，产业竞争性是一个国家或地区产业在世界市场的竞争力与潜在竞争力的综合。

二、产业合作理论基础

（一）区域分工理论

区域分工的基础是资源优势的差异，这里的资源不仅指自然资源与生产资源，还包括劳动力资源、区位资源、文化资源等一系列可以影响产业的资源条件。区域分工理论在早期主要有亚当·斯密的绝对优势理论、大卫·李嘉图（David Ricardo）的比较优势理论、赫克歇尔（F. Heckscher）与俄林（Bertil Ohlin）的要素禀赋理论（即H-O理论）以及以克鲁格曼（Paul Krugman）为代表的新贸易理论等。区域分工理论的核心观点是：不同国家或地区拥有的资源是不同的，即同种资源在不同国家或地区中所拥有的含量不同，这就使得相同的资源在不同国家或地区间的成本价格是不同的，稀缺资源的流动成本过高，因此为了提高经济效益，各国或地区应该利用自身的比较优势发展经济，从而产生了区域分工。

1776 年，亚当·斯密在《国富论》一书中提出了绝对优势理论，他认为任何区域都有一定的优势，不同区域利用自己优势资源专业化生产，用其具有绝对成本优势的产品交换其他产品。也就是说一个区域进口自己不具有成本优势的产品，出口自己相对其他区域处于优势的产品，这样产生的国际分工与贸易可以促进各地区经济的发展，提高每个地区的劳动生产率。

1817 年，大卫·李嘉图提出了比较优势理论，该理论以劳动价值论为基础，极大地丰富和发展了绝对优势理论。该理论认为生产要素和劳动在不能完全流动的情况下，一个区域应该生产其具有相对优势的产品，一些处于绝对劣势的区域也应该生产自己劣势相对较小的那些产品。不同的区域在国际中均可以找到相对优势，从而进行分工生产和贸易。

克歇尔—俄林的要素禀赋理论则认为，生产要素和劳动资源的差异是由资源的相对多少决定的，生产要素的价格决定了产品的价格，生产要素的流动可以使区域间的要素价格以及产品价格达到相对均衡。如果一个区域内可以使用价格相对低廉的生产要素，那么这个区域就获得了竞争优势，可以在国际贸易中获利。相对发达的区域由于资本以及技术要素相对丰富，适合生产资本密集型以及技术密集型产品，而不发达的区域由于劳动力资源以及自然资源相对丰富，适合生产资源密集型产品和劳动密集型产品。新贸易理论则结合了比较优势、规模报酬、外部性以及不完全竞争等理论，对区域分工理论做了很好的补充。该理论认为由于规模报酬和不完全竞争的存在，不同区域仍然会存在产业内的贸易。同时，技术对于区域分工也有着重要的作用，一个区域要积极吸收"技术外溢"，促进本地区技术进步。

总的看来，区域经济合作是在区域间产业部门的相对或绝对优势下，以区域资源禀赋为基础形成的区域间产品的交换与流动，进而推动区域间产业集聚，促进技术进步，增强区域经济合作与发展。因此，本书运用区域分工理论，测算分析浙江省与中东欧各国产业部门的比较优势，进而为合作产业选择提供依据。

(二) 梯度推移理论

梯度推移理论起源于经济学家杜能的农业圈理论，后经韦伯、马歇尔等经济学家对理论的研究和发展，形成了工业产品生产周期循环理论，又通过一系列的研究最终形成了梯度推移理论。该理论的核心在于区域经济要想实现发展，着重点在于当地的重要经济部门。同时，该理论还指出在经济发展过程中必然会产生国家或地区发展不一致的现象，这就出现了不同地区经济发展的梯度势差，即经济不平衡发展，进而这种有差异的经济发展必将推动生产力从较发达区域向发展情况较弱的地区进行转移，最终缩小不同国家或区域之间的经济发展落差，实现整个国家或者地区经济的均衡发展。其中根据区域产业结构和主导产业在生产生命周期中的发展情况，把工业基础稳固、发展潜力巨大、创新能力强的区域划分为高梯度区域，同时把工业基础不扎实、发展潜力较小、创新能力较弱的区域归类为低梯度区域。伴随着工业生产周期的不断更替发展和技术知识的外溢效应的出现，高梯度区域的技术和生产力等重要因素会逐步向发展潜力较低的区域扩散，最终实现两种不同地区经济进步，并且实现整个区域经济的稳定均衡发展。

结合浙江省与中东欧各国发展现状可以看出，两个地区的产业发展处于不同的工业生命周期阶段，这样就会出现梯度落差。基于该理论在不同工业发展的生命周期的演变和高梯度地区的快速发展，加上技术外溢和知识外溢效应的推动会在很大程度上促进低梯度地区提升经济发展水平，即浙江省和中东欧各国的经济发达地区的资本、技术、信息等资源会通过梯度转移的方式推动经济发展较弱地区经济发展。这为两地区进行产业合作提供了一个良好的发展契机，因此要充分把握梯度转移的机会。主要是低梯度地区应该做好高梯度产业的转移对接工作，并不断提升自有产业的发展，最终实现双方产业的深入合作和共同发展。

(三) 增长极理论

增长极理论最早由佩鲁在《经济学季刊》中提出，该理论是基于区域经济发展不均衡现象所提出的。在文章中佩鲁认为增长极具有推动经济发展的重要作用。在高度发展的工业时代，基于分工理论的影响，在激烈的市场竞争中一些具有极大发展潜力和高速增长的产业脱颖而出，这些产业多集中在主导产业和高技术产业中。这些产业的快速发展使得一些相关城市和地区快速集聚发展，从而形成了该区域的增长极，该增长极的不断发展就会对邻近区域的经济发展产生了扩散效应。增长极理论的实际应用对于处在增长极不同的位置具有不同的成效，即对于经济发展的中心地区和周边地区具有不同的效果：一方面对于经济增长中心地区而言，由于自身产业的高速发展源源不断地吸引着中心地区的优势资源和经济发展活动主体的集聚，不断提升经济发展中心的发展水平，并且为进一步开发经济潜能提供了条件。另一方面，经济在中心地区的快速发展而形成的规模经济效应由此产生，会提高对周围地区吸引力并且会对周边地区经济资源进行有效整合，进而有力的促进对周围地区经济发展的辐射带动效应的发展。

三、产业互补性理论基础

（一）比较优势理论

比较优势理论的正式提出是在大卫·李嘉图发表的《政治经济学及赋税原理》一书中的第七章。亚当·斯密提出了著名的绝对优势理论，该理论界定了国际贸易，分析了其产生的条件以及原因，阐述了国际分工的演变。大卫·李嘉图对该理论进行了发展，其正式提出了比较优势理论，阐述了政治经济学原理，在该理论中对国际分工的内涵做了进一步界定。李嘉图提出在生产产品方面，每个国家都有不同的生产效率，而且每个国家都有自己的产品优势特征，在国际范围内通过开展产品贸易，各国有利于节约成本，只生产优势产品。各国通过比较产品的优势，如果产品具有绝对优势地位，各国在国际分工贸易中可以选择生产该产品。各国利用国际贸易，能够在很大程度上降低成本，节约劳动力，开展贸易分工的双方国家都能从中受益。按照产业分工理论基础，在生产同质产品方面，比较优势体现了各国的成本差异。如果该国在制造业中具有优势地位，这样其也能节约成本，专注于优势领域，在开展贸易合作过程中能够提高经济效益。

（二）要素禀赋理论

在比较优势理论基础上，赫克歇尔—俄林提出了要素禀赋理论，并在该理论基础上提出了赫克歇尔—俄林模型理论。为了深入分析国际贸易产生的具体缘由，构建价格体系作为模型，分析价格之间的关系，该理论探讨了生产要素禀赋对国际贸易分工中进出口商品结构的影响。在赫克歇尔—俄林模型中，如果两国的技术发展相当，两国的商品生产存在不同的密集度以及不同的要素充裕度，必然会为产生比较优势差异奠定条件。在该模型中，前提条件为国际贸易中首先要有两个国家存在，提供两种生产要素，生产两种产品。如果一个国家具有丰富的生产要素，则该国家在生产产品上具有比较优势，在国际分工中，其他国家可以进口该国的优势产品。

按照要素禀赋模型里面的"要素价格均等化"定理，一个国家应生产并出口密集使用本国要素相对丰裕且具有比较优势的产品，各国的要素价格具有均等化特征，如果某国拥有丰裕的生产要素，其可以集中精力生产该产品，发挥其比较优势特征，加大产品的出口量，如果某国的生产要素比较稀缺，由于生产成本比较高昂，可以通过进口产品以提高国家福利。具有比较优势的国家在出口产品时，能够保证产品的质量以及价格等，进口国可以获得使用效益。另外，从国际分工角度分析，有利于提高该国的专业分工能力，通过优胜劣汰促进产业之间的竞争加剧。

（三）新贸易理论

20世纪80年代以来，产业内贸易增长速度尤为加快，这在很大程度上冲击了贸易理论。各国之间的比较成本存在差异，从本质上讲，不同的资源禀赋并不会导致世界贸易额存在差异。经济学家克鲁格曼、弗农等在研究中运用"新贸易理论"对此进行了阐述。不同于传统贸易理论，按照新贸易理论的观点，每个国家都有自己的资源要素优势以及先进技术，各国在国际贸易中需要大量生产比较优势产品。如果各国在生产产品时产出增长比例较高，可以发挥规模经济效益，提升规模收益，在集中领域开展专业化生产。同在传统贸易理论中，其假设条件具有不可操作性，比如完全竞争以及外部性效应等，这些实现的可能性比较小，新贸易理论对其进行摒弃，其基于成品市场与高技术产品市场进行分析。

传统比较优势理论的局限性还体现在对国家部门之间的贸易格局不能作出合理阐述，这也影响了对国家贸易总量的解释。新贸易理论对其进行完善，选取了综合角度分析国家贸易，探讨了国际贸易的格局，分析了供给需求关系等。基于不完全竞争市场分析，国际贸易格局以及实现专业化生产主要是受到规模经济的影响。假设每个国家都具有相同的资源要素禀赋，异质产品也会存在产业内贸易。国家间的差异和产业内贸易成正相关关系，差异越大，则贸易规模越大，否则相反。基于需求理论进行分析，在解释产业内贸易的产生缘由时，可以通过运用需求和差异理论进行分析。通过分析该国的收入水平，可以预测其代表性需求。为了发挥规模经济效应，生产者必须提高该国代表性需求的商品的生产效率。为了满足消费需求，该国还可以选择从其他国家中进口产品。以代表性需求作为产生条件，各国的收入水平相当，则必然会为产业内贸易提供条件。

四、产业竞争性理论基础

（一）国家竞争优势理论

在20世纪80年代，国外学者对竞争优势理论做了进一步研究，丰富了国际贸易关系的理论基础，通过继承发展比较优势理论，竞争优势理论取得了一定研究成果。其中代表性的经济学者为迈克尔·波特，他的国家竞争优势理论具有较大的影响力。该理论的核心内容为构建钻石体系，基于多方面视角进行分析，具体包括国际、国家以及企业，构建完善的经济、历史文化等相关信息，有助于科学分析某国的产业竞争优势。该国的主导产业的优势地位决定了国家竞争优势，在该理论中，从国内和国外分析产业竞争优势，国外因素主要体现在机遇和政府方面，国内因素主要体现在生产要素、企业经营状况、产业支持以及需求等。在科学制定政府的产业政策时，可以通过政府对产业的积极和消极影响进行确定。

根据钻石理论模型，产业竞争力往往受到环境因素的影响。

（1）生产要素因素，生产要素决定了各国的产业生产效率，按照生产要素层次划分可以分为初级和高级要素，在国际分工中，各国之间的科技竞争也在不断加强，产业也在不断趋于科技化发展，这也提升了高级要素的地位，各国产业中的初级生产要素的重要性不再凸显。

（2）需求条件。按照该国的市场规模、客户群体数量以及需求情况以确定产品的需求。

（3）相关产业和支持性产业。对于国家而言，产业之间的划分也决定了竞争力优势。

（4）产业战略、产业结构以及同业竞争状态。受到政治经济以及环境的影响，各国需要完善管理制度，改变管理方式，增强产业竞争优势。同时为了维持国际优势地位,必须要保证国内竞争能够提供推动作用。

(5) 机遇。产业竞争的优势作用往往受到政府以及机遇的影响。机遇具有随机性特征,政府以及企业无法控制,如改进重大技术、石油危机、一系列发明创造等。机遇对该国的竞争格局往往带来影响,创造出竞争断层,能在很大程度上丧失产业竞争优势,也有可能激发产业创造力。政府需要制定相关政策,政策内容包括市场运作、产业补贴、竞争优势以及生产标准等因素。

(二) 幼稚产业保护理论

通过开展国际贸易活动,有助于提升各国福利,但是同时也会产生利益分配问题。各国为了追求最大化利益,都会对外贸活动进行干预,这也为制定相关的贸易保护政策提供理论基础。研究和运用贸易保护理论,有助于指导各国更好地制定贸易相关政策,有效分配贸易利益,支撑贸易政策偏离"自由贸易"。

美国学者汉密尔顿于1860年提出了幼稚产业保护理论,德国学者弗里德里希·李斯特以该理论为基础,对其进行了完善。各国重视生产力,提高工业生产效率,这样才能够创造更多的财富,提升经济效益。他将生产和财富的关系比喻成果树和果实的关系。在国际竞争中各国若想获得竞争优势,必须推进生产力带动作用,保护民族工业发展。发展生产力,发挥生产力带动作用,大力发展工业,能够带动生产力发展,有助于推动经济增长,创造更多的财富。由此可见保护民族工业至关重要。根据各个时期的经济发展政策,各国政府应该选择相应的对外贸易。如果一国经济处于农工业时期,经济发展速度加快,更需要重视工业发展,加大投入力度,保护民族工业,发挥贸易保护制度的优越性,提高国内工业竞争力,降低国外竞争的冲击度。幼稚产业理论所保护的是成长过程中的产业,具有发展前景和长期发展潜力。

五、小结

学术界在中国与中东欧产业合作问题以及中国与中东欧贸易竞争性和互补性方面已经作出了众多且富有参考价值的研究,在研究方法及结论上都有独到之处,但也存在着一定的不足之处。例如,现有文献大量集中于中国与中东欧国家整体贸易问题以及产业内贸易方面，关于浙江省与波兰的产业合作研究较少，而针对产业竞争性和互补性的研究则更少；并且，关于产业竞争性和互补性研究的现有文献侧重于研究某类产品的贸易问题，旨在揭示单类产品贸易现状和关系，其中主要是农产品贸易的研究。然而，浙江省与波兰的双边贸易涵盖所有大类商品，仅分析单类产品的贸易问题不足以揭示各类产品的贸易特征、竞争和互补关系，并且无法比较各类产业的竞争优势和互补关系。

鉴于此，本书在现有文献的研究基础上，基于产业结构的产业互补性从三次产业结构的角度分析浙江省与波兰产业结构的差异性，存在差异就认为存在互补，再基于贸易结构，利用相关贸易数据进行分行业、分商品的细致分析。根据由世界海关组织（WCO）和国际货物编码委员会（CCIC）共同制定的商品分类系统 HS 编码，其中 HS 编码将商品划分为 21 个部门，其中第 17 个部门被细分为两个部分，共计 22 个大类。本书运用基于 HS 编码 22 个大类统计的方法将商品按照 T01—T22 对波兰的贸易竞争性进行分析。本书使用波兰 2012—2021 年的进出口贸易数据，数据来源于联合国 Comtrade 数据库。详见表 9 – 1。

表 9 – 1　　　　　　22 个大类产品分类代码及名称

代码	名称
T01	活动物；动物产品
T02	植物产品
T03	动、植物油、脂及其分解产品；精制的食用油脂；动、植物蜡
T04	食活动物；酒及其醋；草、烟草及烟草代用品的制品
T05	矿产品
T06	化学工业及其相关工业的产品
T07	塑料及其制品；橡胶及其制品
T08	生皮、皮革、毛皮及其制品；鞍具及挽具、旅行用品、手提包及类似容器；动物肠线（蚕胶丝除外）制品
T09	木及木制品；木炭；软木及软木制品；稻草、秸秆、针茅或其他编结材料制品；篮筐及柳条编结品
T10	木浆及其他纤维状纤维素浆；回收（废碎）纸或纸板，纸、纸板及其制品
T11	纺织原料及纺织制品

续表

代码	名称
T12	鞋、帽、伞、杖、鞭及其零件；已加工的羽毛及其制品；人造花；人发制品
T13	石料、石膏、水泥、石棉、云母及类似材料的制品；陶瓷产品；玻璃及其制品
T14	天然或养殖珍珠、宝石或半宝石、贵金属、包贵金属及其制品；仿首饰；硬币
T15	贱金属及其制品
T16	机器、机械器具、电气设备及其零件；录音机及放声机、电视图像；声音的录制和重放设备及其零件、附件
T17	车辆、航空器、船舶及有关运输设备
T18	光学、照相、电影、计量、检验、医疗或外科用仪器及设备、精密仪器及设备；钟表、乐器；上述物品的零件、附件
T19	武器、弹药及其零件、附件
T20	杂项制品
T21	艺术品、收藏品及古物
T22	特殊交易品及未分类商品

资料来源：《商品名称及编码协调制度的国际公约》。

第二节
浙江省与波兰的产业互补性分析

一、产业互补性形成基础

随着社会生产力的发展和社会分工的日益深化，一个国家或地区的国民经济可以分为三大产业：以初级产业为主的第一产业；对初级产品二次加工的第二产业；生产与消费同时进行的第三产业。随着经济的不断发展，各部门的分工不断细化，涌出大量新兴产业。当两个国家处在同一时期且经济实力差距较大时，由于所处发展阶段不同，进而导致两国制造业产业结构存在差异。

一个国家的产业结构并不是一种封闭的结构，而是一种开放的、可以优化的结构，而产业结构的优化在很大程度上依赖于贸易。基于产业结构的互补性是利用三次产业所占份额计算的双方的产业同构系数表达的，即存在产业结构差异就存在产业互补性，通过产业同构性的研究可以从总体上判断浙江省与波兰是否存在产业互补性。

二、基于产业结构的互补性分析

（一）产业同构系数

根据产业结构演变理论，产业结构演进的一般规律就是第一产业所占份额持续降低，第三产业所占份额持续升高，第二产业所占份额先快速上升，之后趋于平稳，因此判断一个地区产业是否发达常以第三产业所占份额来判断。

1979年，联合国工业发展组织（UNIDO）国际工业研究中提出了结构相似系数，用该系数测定各国的产业结构相似度，以此来衡量产业的同构程度。其计算公式如下：

$$S_{ij} = \sum_{k=i}^{n}(X_{ik} - X_{jk}) / \sqrt{\sum_{k=i}^{n} X_{ik}^2 \sum_{k=i}^{n} X_{jk}^2}$$

式中，S_{ij}表示i区域和j区域的结构相似系数，i和j表示进行研究的两个区域，X_{ik}表示i区域k产业占整个产业的比重，X_{jk}表示j区域k产业占整个产业的比重，S_{ij}的值在0和1之间变动，如果其值为0表示两个相比较地区的产业结构完全不同；如果其值为1，说明两个地区间产业结构完全相同。

运用基于三次产业分类的产业结构相似系数分析，得出我浙江省与波兰的产业相似度系数表。因为涉及地区与国家之间产业结构，取0.95为标准，当产业相似度系数值小于0.95时，认为两地区之间产业相似度较低，即存在产业结构互补。

浙江省产业结构的演进历程基本符合国际产业演进规律。目前的产业发展呈现"二、三、一"的结构特征，三大产业的GDP比重、从业人员比重充分反映出浙江省第二、第三产业并重发展的特点。一直以来，第二产业在浙江省GDP构成中所占比例最重，第二产业的就业比重也高于第一、第三产业，第二产业发达是浙江省产业结构的显著特点之一。同时，在第二产业中，纺织、机电、化工这几个传统行业和近几年新崛起的电子信息产业的产值相对其他产业具有明显优势，包揽了全省工业总产值的半壁江山。以信息技术为核心的高新科技产业发展迅速，电子信息产业、医药工业异军突起。而 IT 产业、电子设备、服装、化工、医药以及电机产业等已成为浙江省第二产业部门的主要发展方向，其中机械工业和电子信息业将是重中之重。另外，浙江省以现代服务业为主导的第三产业也加快了发展的步伐，房地产业、交通运输、邮电通信、金融保险等市场逐渐开放，第三产业正逐渐成为与第二产业一起推动浙江省经济增长的重要力量。

波兰位于中欧，拥有着丰富的自然资源和文化遗产，是一个传统的农业国家，农业是波兰经济的重要组成部分。波兰的农业生产以粮食、蔬菜、水果、畜牧业为主，其中粮食是波兰农业的支柱产业之一。波兰的第二大产业是能源、贸易和制造业。波兰是世界第九大硬煤生产国，每年生产约 5 700 万吨褐煤和 7 800 万吨硬煤，是欧洲第二大煤炭消费国（仅次于德国），波兰的煤炭大部分都是在国内消费。可再生能源也是能源行业的一个重要部分，太阳能、风能和水力发电等可再生能源近年来的占比都有显著增长。除此之外，波兰第二产业中最发达的是贸易和制造业（尤其是汽车、食品、冶金、机械行业，包括精密仪器、电子仪器、运输工具、纺织和服装业），约 31.2% 的波兰人（525.5 万名雇员）在这些行业就职，其中，矿产开采和加工业也发挥着重要作用。然而，如今波兰的关键行业是汽车生产，占工业总产值的 11%、GDP 的 4%，是世界第 23 大汽车生产国和中东欧地区最大的轻型汽车生产国。波兰最大的经济部门是第三产业，服务业为波兰 55.8% 的就业人口提供了工作，除了传统的服务业，波兰的旅游业也有所增长，其对波兰的未来而言是一个重要的产业。

表 9-2　　　　　　　浙江省和波兰产业同构系数

年份	浙江省			波兰			结构相似指数
	第一产业	第二产业	第三产业	第一产业	第二产业	第三产业	
2012	0.05	0.50	0.45	0.03	0.30	0.68	0.91
2013	0.05	0.49	0.46	0.03	0.28	0.69	0.91
2014	0.04	0.48	0.48	0.03	0.29	0.68	0.93
2015	0.04	0.46	0.50	0.02	0.30	0.68	0.95
2016	0.04	0.44	0.52	0.03	0.30	0.68	0.96
2017	0.04	0.43	0.53	0.03	0.28	0.69	0.96
2018	0.04	0.42	0.55	0.02	0.29	0.69	0.97
2019	0.03	0.43	0.54	0.02	0.28	0.70	0.96

续表

年份	浙江省			波兰			结构相似指数
	第一产业	第二产业	第三产业	第一产业	第二产业	第三产业	
2020	0.03	0.41	0.56	0.03	0.28	0.70	0.97
2021	0.03	0.42	0.55	0.02	0.29	0.68	0.97

数据来源：作者根据 2013—2022 年《浙江统计年鉴》和《统计公报》、世界银行等文献数据计算所得。

通过测算浙江省与波兰产业同构系数，如表 9-2 所示，至 2016 年及以后，浙江省与波兰产业同构系数已经达到 0.95 以上，这表明 2016 年以来，浙江省与波兰之间交流频繁，已经在很多领域形成互补，互通有无，实现共同发展进步。

随着时间的推移，双方之间的产业同构系数呈递增趋势。而当产业同构系数增加时，意味着两个地区的产业结构趋于相似，存在更多的共同点和相互依赖。浙江省与波兰之间的产业同构系数逐年上升，说明两地的产业发展趋势和方向逐渐趋于一致。产业结构差异的减小是产业同构系数上升的结果。随着两地经济的发展和合作加深，浙江省和波兰的产业结构逐渐趋于一致。这种趋势的出现，既反映两地经济发展的相似性，也为双方的合作提供了更多的机会。

浙江省和波兰的产业同构系数上升对于两国经济的发展具有积极的影响。首先，产业同构系数的增加意味着两国在产业发展上的互补性增强，可以更好地实现资源配置和利益共享。其次，产业结构差异的减小将促进两国之间的技术交流和创新合作，加速经济转型和升级。最后，产业同构系数的上升也为两国企业的国际化发展提供了更广阔的市场和合作机会。

然而，产业同构系数的上升也面临一些挑战和问题。首先，两国的产业同构系数上升并不意味着两国的产业结构完全一致，仍然存在一定的差异和不足。其次，两国在产业发展上的竞争可能会加剧，需要进一步加强合作和协调。最后，产业同构系数的上升也需要考虑到环境和可持续发展的因素，避免对资源和环境造成过度压力。

（二）产业内贸易指数

格鲁贝尔-劳埃德产业内贸易指数（G-L 指数）是由格鲁贝尔（Grubel）和劳埃德（Lloyd）在 1975 年提出的，主要用于分析两国或两地区之间的产业内贸易水平，其计算公式为：

$$A_i = 1 - \frac{|X_i - M_i|}{X_i + M_i}$$

式中，i 表示产业类别，X_i 和 M_i 分别表示第 i 类产品的进口额和出口额；$0 \leq A_i \leq 100$，A_i 越接近于 0，说明两国之间的贸易越加体现为产业间贸易，反之，A_i 越接近于 1，说明双边贸易越加体现为产业内贸易。

根据上式中关于格鲁贝尔－洛伊德产业内贸易指数（G－L 指数）的计算方法，利用相关贸易数据，计算得出浙江省与波兰 22 个大类商品的产业内贸易指数，如表 9－3 所示。

表 9－3　　　　　　　　浙江省与波兰产业内贸易指数

商品代码	2012 年	2013 年	2014 年	2015 年	2016 年	2017 年	2018 年	2019 年	2020 年	2021 年
T01	0.21	0.66	0.59	0.67	0.48	0.30	0.59	0.46	0.68	0.93
T02	0.02	0.02	0.12	0.25	0.28	0.22	0.34	0.42	0.36	0.32
T03	0.00	0.00	0.00	0.00	0.00	0.00	0.00	0.03	0.04	0.05
T04	0.14	0.13	0.05	0.40	0.97	0.88	0.78	0.75	0.45	0.71
T05	0.34	0.76	0.00	0.00	0.08	0.22	0.13	0.00	0.24	0.45
T06	0.73	0.46	0.20	0.15	0.28	0.33	0.13	0.10	0.14	0.26
T07	0.15	0.19	0.34	0.51	0.47	0.37	0.31	0.20	0.20	0.16
T08	0.01	0.00	0.05	0.00	0.00	0.01	0.00	0.00	0.02	0.05
T09	0.01	0.14	0.00	0.15	0.35	0.32	0.36	0.51	0.63	0.55
T10	0.03	0.10	0.13	0.19	0.41	0.40	0.37	0.15	0.22	0.21
T11	0.01	0.00	0.00	0.00	0.00	0.00	0.00	0.00	0.01	0.00
T12	0.00	0.00	0.00	0.00	0.01	0.01	0.01	0.01	0.01	0.00
T13	0.03	0.00	0.00	0.03	0.01	0.03	0.10	0.00	0.05	0.03
T14	0.00	0.04	0.00	0.00	0.00	0.00	0.00	0.00	0.00	0.00
T15	0.52	0.61	0.65	0.27	0.18	0.30	0.23	0.49	0.08	0.41
T16	0.02	0.01	0.02	0.02	0.04	0.03	0.03	0.04	0.05	0.03
T17	0.16	0.20	0.13	0.16	0.10	0.05	0.01	0.17	0.27	0.24
T18	0.01	0.01	0.01	0.01	0.01	0.01	0.01	0.01	0.02	0.02
T19	—	—	—	—	—	0.00	0.00	0.00	0.00	0.00
T20	0.02	0.02	0.01	0.02	0.02	0.00	0.01	0.01	0.01	0.00
T21	—	—	0.00	—	—	0.03	0.00	0.00	0.00	0.05

续表

商品代码	2012年	2013年	2014年	2015年	2016年	2017年	2018年	2019年	2020年	2021年
T22	0.00	0.00	0.00	0.00	0.00	0.02	0.01	0.01	0.01	0.01

注：根据作者计算所得，表中"—"表示某类产品由于数据可得性为未知。

数据来源：2013—2022年《浙江统计年鉴》、国研网"国际贸易研究及决策支持系统"。

表9-3数据清楚地表明，截至2021年，浙江省与波兰22个大类商品中，大部分商品G-L指数都接近于0，这说明双边贸易更加接近于产业间贸易。其中，T03（动、植物油、脂及其分解产品；精制的食用油脂；动、植物蜡）、T08（生皮、皮革、毛皮及其制品；鞍具及挽具，旅行用品、手提包及类似容器；动物肠线（蚕胶丝除外）制品）、T11（纺织原料及纺织制品）、T12（鞋、帽、伞、杖、鞭及其零件；已加工的羽毛及其制品；人造花；人发制品）、T13（石料、石膏、水泥、石棉、云母及类似材料的制品；陶瓷产品；玻璃及其制品）、T14（天然或养殖珍珠、宝石或半宝石、贵金属、包贵金属及其制品；仿首饰；硬币）、T16（机器、机械器具、电气设备及其零件；录音机及放声机、电视图像；声音的录制和重放设备及其零件、附件）、T18（光学、照相、电影、计量、检验、医疗或外科用仪器及设备、精密仪器及设备；钟表，乐器；上述物品的零件、附件）、T20（杂项制品）、T21（艺术品、收藏品及古物）、T22（特殊交易品及未分类商品），这些产品的G-L指数接近于0，双方贸易体现了产业间贸易的特征。而T01（活动物；动物产品）、T04（食活动物；酒及其醋；草、烟草及烟草代用品的制品）、T09（木及木制品；木炭；软木及软木制品；稻草、秸秆、针茅或其他编结材料制品；篮筐及柳条编结品），这些产品的G-L指数较大，接近于1，反映出较明显的产业内贸易特征。

三、基于贸易结构的产业互补性分析

（一）HM指数

Baldwin（2003）构造了HM指数（Hubness Measurement Index）来测算FTA网络中的潜在轴心国，可以用于相互贸易依赖程度测算，其计算公式如下：

$$HM = \frac{X_{ij}}{X_i}\left(1 - \frac{M_{ij}}{M_j}\right)$$

式中，X_{ij}表示i国到j国的出口总额，M_{ij}表示i国从j国的进口额，X_i表

示 i 国的总出口额，M_j 表示 j 国的总进口额；HM 指数主要是衡量 i 国出口对 j 国市场的依赖程度，取值在 0 到 1 之间，越靠近 1 说明 i 国出口对 j 国市场的依赖程度越大，反之越小。见表 9-4。

表 9-4 浙江省与波兰间 HM 指数

年份	2012年	2013年	2014年	2015年	2016年	2017年	2018年	2019年	2020年	2021年
HM 指数	0.01	0.01	0.01	0.04	0.04	0.03	0.03	0.04	0.01	0.04

数据来源：作者根据 2013—2022 年《浙江统计年鉴》、国研网"国际贸易研究及决策支持系统"等文献数据计算所得。

从计算所得来看，浙江省对波兰市场的依赖程度虽有波折，但总体呈现递增趋势，这说明波兰是浙江省重要的贸易伙伴之一，两地之间的合作与交流不断加深。这主要原因是：首先，浙江省和波兰之间的人口流动呈持续增长的趋势。随着经济全球化和交通运输的便利化，越来越多的人选择到浙江省和波兰工作、学习或定居。这种人口流动不仅促进了两地之间的文化交流和经济合作，还为两地的社会发展带来了新的活力。其次，浙江省和波兰的经济联系日益紧密。两地的企业和机构之间的合作越来越频繁，贸易额也在逐年增加。浙江省的制造业、电子商务和金融服务等领域与波兰的科技创新、农业和旅游业等领域互补性强，双方在经济上的合作潜力巨大。最后，浙江省与波兰之间的 HM 指数的上升也反映了两地政府间的合作加强。两地政府在教育、文化、科技等领域的合作日益密切，相互间的交流与合作机制不断完善。这种政府间的合作为两地居民提供了更多的机会和福利，也为两地的发展带来了更多的机遇。

（二）显性比较优势指数（RCA）

显示性比较优势指数（Revealed Comparative Advantage Index，简称 RCA 指数）是于 1963 年由美国经济学家巴拉萨通过研究提出，可以较好地反映一个国家或地区某类出口产品与世界平均出口水平的相对优势，其计算公式如下：

$$RCA = \frac{X_i/X_t}{W_i/W_t}$$

式中，X_i 表示某一国家的 i 类出口产品额，X_t 表示某一国家出口总额，W_i 表示全球贸易中 i 类产品出口额，W_t 表示全球贸易的出口总额。

根据表 5-3 和表 5-6 测算可知，近十年来，浙江省出口产品中 RCA

指数超过 2.5 的有 4 个，分别是纺织纱线织物及制品、服装及衣着物、玩具和体育用品及设备，说明这四类产品在国际市场具有非常强的竞争力，此外，机电产品和塑料产品也具有很强的竞争优势水平，出口优势最弱的产品是农副产品、钢材、高新技术产品和汽车零配件。同时，随着技术的不断进步，浙江省的技术密集型产品的比较优势也在逐年增加。

而波兰则在杂项制品的出口上具有极强的竞争优势，其 RCA 指数均值高达 3.09。其次，在 T01（活动物；动物产品）、T04（食活动物；酒及其醋；草、烟草及烟草代用品的制品）、T07（塑料及其制品；橡胶及其制品）、T09（木及木制品；木炭；软木及软木制品；稻草、秸秆、针茅或其他编结材料制品；篮筐及柳条编结品）、T10（木浆及其他纤维状纤维素浆；回收（废碎）纸或纸板，纸、纸板及其制品）、T13（石料、石膏、水泥、石棉、云母及类似材料的制品；陶瓷产品；玻璃及其制品）、T15（贱金属及其制品）、T17（车辆、航空器、船舶及有关运输设备）这八类产品中，也拥有较强的国际竞争力。

综上所述，在农产品上，波兰相对浙江省而言更具有国际竞争力，而在高新技术产品上，浙江省则更具有优势，双方具有明显的互补性。

四、小结

浙江省与波兰经贸联系十分紧密，互为彼此重要的贸易伙伴。本章首先通过产业同构系数、产业内贸易指数分析得出双方在部分产业上具有互补性，这是开展产业合作的基础；其次通过分析 HM 指数、RCA 指数得出双方在农产品、高新技术产品上具有较强的互补性，此外，随着旅游业不断兴起，双方在旅游业上也具有广阔的合作空间。

第三节
浙江省与波兰的产业合作

一、农业

浙江省和波兰之间的农产品合作关系日益紧密，为两国农业发展带来了许多机遇和益处。这种合作不仅促进了双方农产品的贸易,还加强了两国农业技术和经验的交流。

  浙江省作为中国的经济重要省份之一,拥有丰富的农业资源和先进的农业技术。浙江省农业的现状是多样化的,拥有丰富的农产品资源,包括稻谷、小麦、茶叶、水果等。同时,浙江省还以养殖业著称,特别是水产养殖业。这些多样化的农产品为浙江省的农业发展提供了坚实的基础。但浙江省农业正面临着一些挑战,随着城市化的不断推进,农地的减少和农民的流失成为了一个严重的问题。土地资源的有限性使得农业生产面临压力。此外,农产品质量和安全问题也是当前亟待解决的难题。

  然而,浙江省农业也面临着许多机遇。随着经济的发展,人们对高品质、安全的农产品的需求不断增加。浙江省的地理位置和气候条件使得该省在农业上具有独特的优势。此外,浙江省还积极推动农业科技创新,加强农业生产的现代化水平。

  而波兰则以其高质量的农产品和农业技术在国际市场上享有盛誉。波兰的农业生产规模庞大,该国的土地资源丰富,适宜农业发展。波兰的农田面积广阔,耕地占国土面积的相当比例,这为农业生产提供了良好的基础。同时,波兰的农业部门也在不断创新和改进农业技术,提高农业生产效率和质量。此外,波兰的农产品出口量大,波兰的农产品以粮食、肉类和乳制品为主要出口商品。由于农业生产规模大农产品质量好,波兰的农产品在国际市场上具有竞争力。波兰的农产品出口不仅为国家带来了丰厚的外汇收入,也推动了农业的发展和现代化。

  然而,波兰的农业也面临一些挑战和问题。首先,农业生产中存在着不平衡的地区发展。波兰的农业发展主要集中在西部地区,而东部地区的农业发展相对滞后。这导致了农业资源的不均衡利用和收入分配的不公平。其次,农业现代化的进程仍然相对缓慢。尽管波兰在农业技术和设备方面有所改进,但与一些发达国家相比仍有差距。

  在农产品贸易方面,浙江省向波兰出口了大量的水果、蔬菜和水产品。波兰的消费者对浙江省的农产品品质和口感赞赏有加,这促使了更多的农产品出口。同时,波兰也向浙江省出口了大量的谷物和畜产品,满足了浙江省的需求。除了贸易,浙江省和波兰之间的农业技术交流也非常活跃。双方经常举办农业展览和技术研讨会,分享最新的农业科技和管理经验。浙江省的先进农业技术在波兰得到了广泛应用,提高了波兰农产品的产量和质量。同时，波兰的农业技术也为浙江省的农业发展提供了宝贵的经验和启示。

浙江省与波兰间的农产品合作为两国农业发展带来了巨大的机遇和发展空间。通过加强贸易和技术交流，双方能够共同提高农产品的质量和竞争力，促进农业的可持续发展。同时，这种合作也为两国农民提供了更多的就业机会和经济收入，实现互利共赢。

首先，浙江省和波兰可以在农产品贸易方面加强合作。浙江省拥有发达的农产品加工和出口体系，而波兰则有丰富的农产品供应。两地可以通过贸易合作，实现农产品的互补和优势互享。浙江省可以进口波兰的高品质农产品，满足国内市场需求，同时波兰可以从浙江省进口农产品加工设备和技术，提升农产品质量和降低生产成本。其次，浙江省和波兰可以在农业科技合作方面加强交流。浙江省在农业科技研发方面具有优势，拥有一批高水平的农业科研机构和专家团队。波兰也在农业科技领域有所建树，两地可以通过合作开展农业科技研究和技术转移，共同解决农业生产中的难题，提高农产品产量和质量。最后，浙江省和波兰可以在农业投资合作方面加强合作。浙江省有着良好的投资环境和丰富的资金资源，而波兰的农业市场也具有潜力。两地可以在农业基础设施建设、农产品加工厂建设等方面进行合作，共同推动农业产业的发展。

总之，浙江省与波兰之间的农产品合作有着广阔的发展空间，对双方来说都是一个双赢的局面。通过加强贸易合作、农业科技合作和投资合作，这种合作不仅促进了农产品贸易的繁荣，还加强了农业技术和经验的交流。相信随着合作的不断深化，浙江省和波兰的农业发展将迎来更加美好的未来。

二、高新技术产业

近年来，浙江省与波兰之间的高新技术产业合作取得了显著的成果。这种合作不仅为两国经济发展带来了新的机遇，也为双方创新能力的提升提供了重要支撑。

浙江省作为中国经济发展的重要引擎之一，一直致力于推动高新技术产业的发展。目前，浙江省高新技术产业正处于蓬勃发展的阶段。

首先，浙江省高新技术产业在科技创新方面取得了显著的成就。浙江省内拥有众多优秀的高校和科研机构，这为高新技术产业的发展提供了有力的人才和技术支持。同时，浙江省积极推动科技创新体制改革，加强知识产权保护，提高科研成果转化率，为高新技术产业的创新发展提供了良好的环境；其次，浙江省高新技术产业在产业结构调整方面取得了积极进展。浙江省积极推动传统产业向高新技术产业转型升级，加大对高新技术产业的支持力度。同时，浙江省鼓励企业加大研发投入，提高技术创新能力，推动高新技术产业的快速发展。目前，浙江省高新技术产业已经形成了以信息技术、生物医药、新材料、新能源等为主导的产业体系；最后，浙江省高新技术产业在国际合作方面取得了重要突破。浙江省积极参与国际科技创新合作，与国际知名企业和科研机构建立广泛的合作关系。通过国际合作，浙江省高新技术产业能够吸引更多的优秀人才和先进技术，提升自身的创新能力和竞争力。

波兰作为一个中欧国家，在高新技术产业的发展方面取得了显著的进展。近年来，波兰政府对于高新技术产业的支持力度不断增加，为该领域的发展创造了良好的环境。

首先，波兰政府积极推动高新技术产业的发展。波兰制定了一系列的政策和措施，以吸引国内外的投资者和企业家。例如，波兰提供了税收优惠、创业基金和研发补贴等激励措施，以鼓励企业在高新技术领域进行创新和投资。此外，政府还积极推动高校与企业之间的合作，促进科技成果的转化和商业化。其次，波兰的高新技术产业在人才方面具备一定的优势。波兰拥有一流的高等教育体系，培养了大量的高素质人才。许多年轻人选择在高新技术领域就业，为该行业的发展提供了坚实的人力资源基础。最后，波兰还吸引了一些国际知名企业在该国设立研发中心，为高新技术产业引进了更多的专业人才和先进技术。

然而，波兰的高新技术产业仍面临一些挑战。首先，与其他发达国家相比，波兰在高新技术领域的投入还相对较低。其次，由于缺乏经验和市场竞争力，一些企业在高新技术领域的发展进展较慢。最后，知识产权保护和技术转让等问题也需要得到更好地解决。

目前，浙江省与波兰在高新技术产业合作方面已经建立了良好的合作机制。两国政府通过签署合作协议和推动政策对接，为企业之间的合作提供了有力保障。同时，两国高校和科研机构之间的交流合作也得到了加强，为技术创新和人才培养提供了平台。浙江省与波兰的高新技术产业合作已经取得了一系列成果。双方企业在技术研发、市场拓展和资本运作等方面开展了广泛合作。例如，浙江省的互联网企业与波兰的软件开发公司合作开发了一系列创新产品，取得了良好的市场反响。另外，浙江省的新能源企业与波兰的能源技术公司合作，共同推动了可再生能源的发展。

浙江省和波兰是两个具有强大创新能力和高新技术产业潜力的地区。通过开展合作，双方可以共同推动高新技术产业的发展，实现互利共赢。首先，浙江省和波兰继续加强科技交流与合作。双方可以建立科技合作机制，促进科研机构和企业之间的合作，共同开展科技研究和创新项目。通过共享科研成果和技术资源，双方可以提高创新能力和技术水平，推动高新技术产业的发展。其次，浙江省和波兰可以加强人才培养与交流。双方可以建立人才培养合作机制，促进高新技术人才的培养和交流。通过互派人员到对方地区学习和工作，双方可以相互学习和借鉴对方的经验和技术，培养更多的高素质人才，为高新技术产业的发展提供强有力的支持。最后，浙江省和波兰可以加强投资合作。双方可以共同设立投资基金，支持高新技术企业的发展和创新项目的实施。通过投资合作，双方可以共享资源和市场，促进高新技术产业的发展，实现经济的增长和繁荣。

综上所述，浙江省与波兰间的高新技术产业合作具有广阔的前景和深远的意义。双方应进一步加强合作，共同推动技术创新和经济发展。通过深化合作，浙江省与波兰可以实现资源共享、优势互补，共同开创高新技术产业合作的美好未来。

三、旅游产业

浙江省和波兰都是拥有丰富旅游资源的地区，合作发展旅游业将为双方带来许多机会和益处。浙江省作为中国的经济强省，拥有美丽的自然风光和悠久的历史文化，吸引了众多游客。波兰作为中东欧地区的重要旅游目的地，以其独特的文化和历史遗迹而闻名于世。

浙江省以其丰富的自然景观和悠久的历史文化而闻名。近年来，浙江省的旅游业发展迅速，成为该省经济增长的重要驱动力。

浙江省拥有众多著名的旅游景点，如西湖、千岛湖、普陀山等，这些景点吸引了大量的游客，为浙江省带来了可观的经济收入。同时，浙江省还致力于打造特色旅游产品，如乡村旅游、红色旅游等，以满足不同游客的需求。浙江省的旅游业发展得益于其良好的基础设施和便捷的交通网络。该省拥有现代化的机场、高速公路和铁路系统，使游客能够轻松到达各个景点。此外，浙江省还注重提升旅游服务质量，培养专业的旅游人才，为游客提供更好的旅游体验。

然而，浙江省的旅游业发展也面临一些挑战。一是旅游资源的过度开发可能导致环境破坏和文化失真。二是旅游业的竞争也越来越激烈，需要不断创新和提升竞争力。为了进一步推动浙江省旅游业的发展，有必要加强政府的引导和规划。政府可以制定相关政策，鼓励私人企业投资旅游业，并提供相关的扶持和优惠政策。同时，加强与其他地区的合作，共同推动旅游业的发展。

波兰作为一个历史悠久且充满文化魅力的国家，近年来在旅游业方面取得了显著的发展。波兰以其独特的自然景观、丰富的历史遗产和多元化的文化吸引了越来越多的游客。

波兰的自然景观是其旅游业发展的重要亮点之一。波罗的海沿岸线长达500多千米，拥有美丽的海滩和海岛，成为夏季度假的热门目的地。此外，波兰还拥有许多壮丽的山脉和湖泊，如喀尔巴阡山脉和马祖里湖，可以提供丰富的户外活动和自然探索的机会。波兰的历史遗产也吸引了许多游客。首都华沙和克拉科夫等城市拥有许多古老的建筑和历史遗址，如华沙王宫和克拉科夫瓦维尔城堡。此外，奥斯威辛集中营纪念馆等历史地标也吸引了许多对历史感兴趣的游客。波兰的文化多样性也为旅游业的发展作出了贡献。波兰人民热情好客，他们以传统的波兰美食和音乐等文化活动欢迎游客。此外，波兰还举办各种文化节庆活动，如克拉科夫国际爵士乐节和瓦乌布日音乐节，吸引了来自世界各地的艺术家和游客。

然而，尽管波兰旅游业发展迅速，但仍面临一些挑战。其中之一是基础设施的不足，如交通和住宿设施的不完善。另外，旅游业的推广和市场营销也需要进一步加强，以吸引更多的国际游客。

在全球旅游业蓬勃发展的背景下，浙江省和波兰可以通过互相借鉴经验和共享资源，共同推动旅游业的发展。首先，浙江省和波兰可以加强旅游业的推广和宣传。两地都拥有独特的自然风光和丰富的历史文化遗产，可以通过互相宣传吸引更多的游客。例如，浙江省的西湖和波兰的克拉科夫老城都是世界知名的旅游景点，可以通过合作推广，吸引更多的中波游客。此外，两地可以通过互联网和社交媒体等新兴渠道进行宣传，提高知名度和曝光度。其次，浙江省和波兰可以加强旅游资源的开发和整合。浙江省拥有丰富的自然风光和独特的水乡文化，而波兰则以其悠久的历史和文化遗产而闻名。双方可以通过合作开发旅游线路和产品，提供更多元化的旅游体验。例如，可以推出浙江省水乡与波兰古城之旅，让游客在一次旅行中领略到两地的不同风情和文化。此外，双方还可以共同开发旅游基础设施，提高旅游服务和体验水平。最后，浙江省和波兰可以加强旅游业的人员培训和交流。通过互派学生和专业人员进行交流，可以促进双方旅游业的技术和管理水平的提升。此外，可以举办旅游业研讨会和培训班，分享经验和最佳实践心得，加强合作伙伴关系。

然而，浙江省和波兰旅游业合作也面临一些挑战。语言和文化差异可能成为合作过程中的障碍。双方需要加强语言培训和文化交流，以便更好地沟通和合作。此外，双方还需要加强合作机制建设和政策支持，为旅游合作提供更好的环境和条件。

总之，浙江省和波兰旅游业合作具有广阔的前景和潜力。通过共同开发旅游资源、加强宣传推广和促进文化交流，双方可以实现互利共赢，推动旅游业的发展，共同打造更加繁荣的旅游业。

参考文献

[1] 刘维林, 魏宜静. 产业数字化如何推动贸易网络枢纽地位提升? [J]. 西安交通大学学报（社会科学版）, 2023, 43 (03): 61-74.

[2] 黄孝岩, 李国祥. RCEP 国家农产品贸易网络格局演变及其影响机制研究——基于复杂网络视角 [J/OL]. 国际经贸探索, 2023, 39 (10): 22-41.

[3] 李清如, 王冰雪. 全球数字产品贸易依赖网络的演化机制及影响因素研究 [J]. 经济问题探索, 2023 (10): 151-169.

[4] 王群勇, 王俊楠, 汪青青. 中国省际贸易网络演化机制研究 [J]. 财经科学, 2023 (05): 124-137.

[5] 董志良, 袁硕. RCEP 贸易网络结构分析及其影响因素研究 [J]. 衡水学院学报, 2022, 24 (04): 37-44.

[6] 杨继军, 傅军. "一带一路" 贸易网络结构及其对区域经济联动的影响 [J/OL]. 南京社会科学, 2022 (11): 42-50.

[7] 梁茂林, 洪菊花, 骆华松, 等. 亚太经合组织贸易网络结构时空演变及其影响因素研究 [J]. 世界地理研究, 2024, 33 (01): 18-32.

[8] 周文韬, 杨汝岱, 侯新烁. 世界服务贸易网络分析——基于二元/加权视角和 QAP 方法 [J/OL]. 国际贸易问题, 2020 (11): 125-142.

[9] 丁一兵, 冯子璇. 中国同 RCEP 其他成员国农产品贸易演化趋势分析及影响因素研究 [J/OL]. 东北师大学报（哲学社会科学版）, 2022 (05): 112-126.

[10] 王晓卓. "一带一路" 共建国家纺织品贸易的社会网络分析 [J]. 世界地理研究, 2024 (05): 1-14.

[11] 倪宁, 曹宇驰. 高技术产品贸易网络对全球价值链升级的影响研究 [J/OL]. 东北财经大学学报, 2022 (05): 86-97.

[12] 刘敏, 薛伟贤, 陈莎. "一带一路"贸易网络能否促进各国全球价值链地位提升 [J/OL]. 管理评论, 2022, 34 (12): 49-59.

[13] 程大中, 汪宁. 贸易网络与企业创新——理论和来自中国上市公司的经验证据 [J/OL]. 数量经济技术经济研究, 2023, 40 (05): 158-179.

[14] 李建军, 邓林和, 张弘烨. "一带一路"贸易网络格局及演化研究——基于社会网络分析 [J]. 商学研究, 2021, 28 (03): 31-44.

[15] 叶玮怡, 马恩朴, 廖柳文, 等. 远程耦合视角下国际大豆贸易网络的时空演化及影响因素 [J]. 自然资源学报, 2023, 38 (06): 1632-1650.

[16] 周锐波, 陈依楠, 覃远红. 全球高技术产品贸易网络演化及影响因素 [J]. 世界地理研究, 2023, 32 (06): 1-13.

[17] 杨碧舟, 彭羽. 全球FTA数字贸易规则网络结构及其影响因素 [J]. 经济理论与经济管理, 2023, 43 (07): 88-100.

[18] 王彦芳, 蔡敏, 戴越. 数字贸易网络的拓扑结构、演化逻辑及影响因素 [J/OL]. 财经问题研究, 2022 (09): 56-65.

[19] 齐玮, 李启昊. 全球新能源汽车贸易网络动态演化特征及影响因素研究 [J]. 世界地理研究, 2024, 33 (02): 1-14.

[20] 康建东, 武金爽. 丝绸之路经济带沿线国家文化产品贸易: 网络格局、关系特征与影响因素 [J/OL]. 东北师大学报 (哲学社会科学版), 2023 (01): 132-146.

[21] 王泽宇, 郭婷, 王焱熙. 复杂网络视角下全球水产品贸易格局演化及影响因素 [J]. 地域研究与开发, 2022, 41 (02): 1-6+13.

[22] 程中海, 屠颜颖, 孙红雪. 中国与"一带一路"沿线国家制造业产业内贸易网络时空特征及影响因素研究 [J]. 世界地理研究, 2022, 31 (03): 478-489.

[23] 马佳卉, 贺灿飞. 中间产品贸易网络结构及其演化的影响因素探究——基于贸易成本视角 [J]. 地理科学进展, 2019, 38 (10): 1607-1620.

[24] K. Kalirajan. Stochastic varying coefficients gravity model: an application in trade analysis [J]. Journal of Applied Statistics, 1999 (02).

[25] 刘青峰, 姜书竹. 从贸易引力模型看中国双边贸易安排 [J].

浙江省社会科学，2002（06）：16-19.

[26] 韩萌．我国对中东欧国家直接投资的区位选择研究［D］．北京：对外经济贸易大学，2019.

[27] 董瀚元．基于因子分析法的西北地区投资环境评价分析［J］．经济研究导刊，2022（18）：94-96.

[28] 王元京，叶剑峰．国内外投资环境指标体系的比较［J］．经济理论与经济管理，2003（07）：14-21.

[29] 彭剑峰，睢华蕾．中国企业对东南亚国家投资环境风险评价［J］．荆楚理工学院报，2021，36（05）：61-69+79.

[30] 姚玲．新时期扩大中国对波兰投资合作的思考［J］．国际经济合作，2015（01）：24-30.

[31] 梅傲雪．"一带一路"沿线国家外国直接投资环境的评价［D］．昆明：云南财经大学，2018.

[32] 赵士影，叶锦华，赵连荣，等．基于SWOT分析法下的波兰矿业投资环境分析［J］．中国矿业，2016，25（08）：42-46.

[33] 张戈．中国企业对波兰投资的现状及对策研究［D］．沈阳：辽宁大学，2017.

[34] 刘顺玉，邹思晓，李俊尧．基于"一带一路"倡议下波兰社会环境维度投资便利化水平研究［J］．产业与科技论坛，2020，19（11）：89-91.

[35] 谢国娥，许瑶佳，杨逢珉．"一带一路"背景下东南亚、中东欧国家投资环境比较研究［J］．世界经济研究，2018（11）：89-98+137.

[36] 伊万·沙拉法诺夫，任群罗．"丝绸之路经济带"背景下哈萨克斯坦产业投资环境研究［J］．俄罗斯研究，2017（01）：130-161.

[37] 高潮．"一带一路"建设中波兰的投资机遇［J］．中国对外贸易，2015（08）：84-85.

[38] 刘仁华，倪善芹，于汶加等．波兰矿产资源及相关产业投资前景分析［J］．中国矿业，2017，26（03）：60-65.

[39] 张海征，梁媛媛．波兰投资法律环境评析以及对我国的启示［J］．欧洲语言文化研究，2023（01）：29-41+145.

[40] 刘顺玉，邹思晓，李俊尧．波兰国际物流运输环境评价以及对

投资便利化的影响分析 [J]. 产业与科技论坛, 2020, 19 (12): 88-89.

[41] 蒋小红. 中国企业在中东欧国家贸易和投资面临的欧盟法风险及应对——基于对塞尔维亚、匈牙利和波兰的考察 [J]. 欧亚经济, 2020 (02): 101-110+128.

[42] Dabrowska R N. 中国与波兰贸易关系发展对策研究 [D]. 海口: 海南大学, 2020.

[43] 贾风琢. 中国国有企业对中东欧投资风险分析 [D]. 海口: 海南大学, 2017.

[44] 孙明洁. 投资环境的综合评价分析方法——基于东盟五国的实证研究 [J]. 现代商业, 2009 (02): 140-143.

[45] 齐结斌, 王紫薇. 浙江省与"一带一路"中东欧17国经贸合作现状、问题及对策 [J]. 浙江省金融, 2020 (12): 29-35+65.

[46] 王丽婷, 季琼. 中国对中东欧出口商品结构研究——基于中国商务数据库的数据分析 [J]. 北京劳动保障职业学院学报, 2018, 12 (02): 35-40.

[47] 姚鸟儿. "一带一路"新发展——浙江省与中东欧经贸合作研究 [M]. 北京: 经济科学出版社, 2018.